인공지능 데이터해석학

중앙대학교 인문콘텐츠연구소 HK+
인공지능인문학 학술총서 3

인공지능 데이터해석학
데이터로 인간 읽기

초판 1쇄 발행 2024년 5월 31일

지은이 | 강우규, 남영자, 정유남, 조희련

펴낸곳 | (주)태학사
등록 | 제406-2020-000008호
주소 | 경기도 파주시 광인사길 217
전화 | 031-955-7580
전송 | 031-955-0910
전자우편 | thspub@daum.net
홈페이지 | www.thaehaksa.com

편집 | 조윤형 여미숙 김태훈
마케팅 | 김일신
경영지원 | 김영지

ⓒ 강우규, 남영자, 정유남, 조희련, 2024. Printed in Korea.

값 20,000원
ISBN 979-11-6810-275-0 (93370)

책임편집 | 이홍림
북디자인 | 임경선

* 이 저서는 2017년 대한민국 교육부와 한국연구재단의 지원을 바탕으로 수행된 연구임.
  (NRF-2017S1A6A3A01078538)

* 이 책에 인용된 이미지나 글은 저작권법의 '정당한 인용' 기준에 따라 수록했습니다만
  출판 후 '정당한 인용'이 아니라고 판정될 경우에는 적법한 절차를 따르겠습니다.

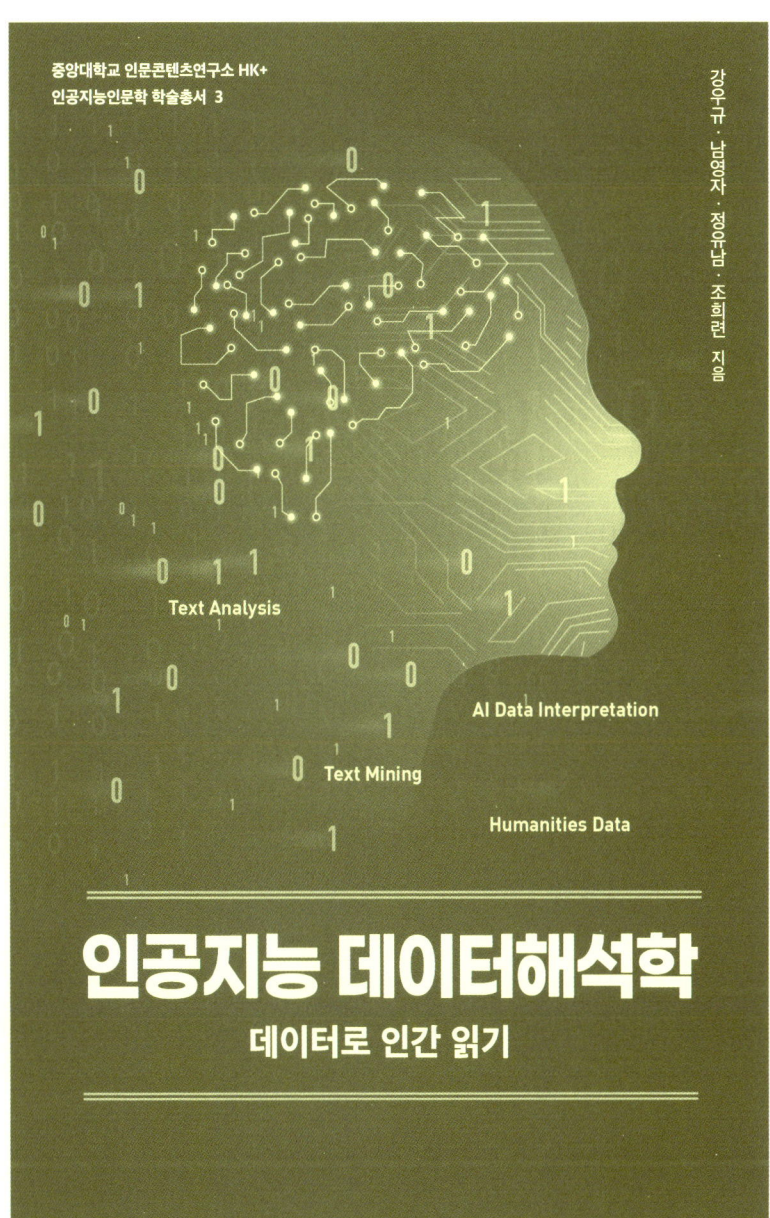

머리말

인문데이터로 인간 읽기

인간은 다양하면서도 아주 복잡한 의사소통 과정을 통하여 삶을 영위한다. 의사소통은 문자와 음성 같은 언어적 요소와 몸짓이나 표정 등과 같은 비언어적 요소와의 상호작용 속에서 이루어진다. 언어는 인간의 사고를 담아내는 그릇이며, 마음의 거울이다. 또한 언어는 단순한 표현을 넘어 인간 내면의 복잡한 감정을 전달하는 매체이다. 따라서 의사소통 과정에서 즐거운 언어는 긍정적인 분위기를, 불쾌한 언어는 부정적인 분위기를 만들어 내기도 한다. 신경과학자들은 언어, 뇌, 마음 간의 상호관련성을 주장하면서, 감사의 말이 뇌가 부정적으로 활성화하는 것을 차단할 수 있는 잠재력을 지니고 있다고 밝힌 바 있다.

한편 인간의 의사소통 환경은 이제 인간 대 인간을 벗어나 인간 대 AI, AI 대 AI로 진화해 가고 있다. 따라서 AI 시대에 언어와 뇌, 마음 간의 상호작용을 이해하기 위한 언어의 중요성은 더더욱 강조되고 있다.

인간과 인간의 의사소통이 언어로 이루어진다면, 인간과 AI의 의사소통은 '인문데이터Humanities Data'를 통하여 이루어진다고 할 수 있다. 인문데이터는 '인문학 연구 데이터Data in Humanities Research'를 일컫는 말이다. 우리는 컴퓨터 과학이나 자연언어처리를 위하여 숫자로 이루어진 표준 데이터 세트와 구별하기 위해서 인문데이터를 '인문학Humanities'의 범주로 분류하였다.

인문학은 인간의 경험과 인간 행동을 연구하는 학문으로서 문학, 언어, 역사, 철학, 예술 등과 같은 주제를 포함하고 있다. 인문학은 인간의 문화적 향유 경험, 예술적 가치, 철학적 성취 등에 초점을 두고 있으며 동시에 텍스트, 이미지, 기타 문화적 유물에 관한 해석과 분석을 포함하고 있다. 따라서 우리는 인문데이터를 통하여 AI가 사회문화적 맥락에 어떠한 영향을 미치는지 조명할 수 있으며, 더 나아가 AI가 인문학적 주제와 인간 사회에 대한 이해를 돕는 데 기여할 수 있을 것으로 본다.

기존 컴퓨터 분야에서 언급되는 데이터는 컴퓨터가 이해할 수 있는 이진수 '0, 1'로만 구성되는 데 비해 '인문데이터'는 인간의 언어, 문화, 경험, 사회적 맥락 등을 모두 포괄하므로 반드시 이산적Discrete으로 구분되지는 않는다. 인문학은 사회과학이나 언어공학과 그 영역이 겹치기도 하고, 상호 영향을 주고받기도 한다. 따라서 인문데이터의 설계와 구축은 인간의 주체적인 인문학적 성찰 과정을 통해 이루어져야 한다. 다시 말해서 AI 시대에 기술이 고도화될수록 인문데이터를 기반으로 하여 AI와 원활하게 상호작용하기 위한 노력이 필요하다. 이때 필요한, 인간과 AI의 의사소통에 사용될 수 있는 데이터를 'AI 인문데이터'라고 할 수 있다. 기술이 발전하면 할수록 AI 인문데이터는 더욱 중요해지고, AI 인문데이터를 이해하고 구축할 필요성도 점차 커지고 있다.

따라서 이 책은 먼저 AI 인문데이터의 정의와 특성을 이론적으로 살펴보고, AI 인문데이터 중에서도 인간의 복잡다단한 마음과 관련된 감정 데이터와 AI가 윤리성을 갖추기 위해 구축된 비윤리 데이터를 중심으로 AI 인문데이터 구축의 절차를 살펴보았다.

또한 데이터의 형태에 초점을 두어 AI 분석 기술을 AI 인문데이터에 적용하는 사례를 제시하였다. 데이터의 내용이 아닌 형태 차원에서 인문데이터를 텍스트(어휘), 음성, 이미지로 구분하고 각각의 데이터를 분석하였다. 이들 데이터는 '중앙대학교 인문콘텐츠연구소'에서 구축한 '감정 데이터'를 기반으로 하여 분석한 것으로서 한국인의 감정 기반 어휘, 음성 인식, 얼굴 표정 인식을 다루었다.

AI 학습 데이터로서 인간의 감정을 다루는 인문데이터는 AI 기술 발전에 따라 점차 중요해지고 있다. 왜냐하면 AI가 인간의 감정을 이해하고 인간과 같은 감정으로 상호작용하기 위해서는 인문데이터를 통하여 인간 수준의 감정 능력을 학습해야 하기 때문이다.

AI가 감정 능력을 지니게 되는 시점은 가까운 미래에 올 것이다. 따라서 우리는 인간 중심의 인문데이터에 주목해야 한다. 인간과 AI가 공존하기 위해서는 인간의 감정에 대한 상호 이해가 전제되어야 하기 때문이다.

인간의 감정과 윤리, 인간의 경험, AI로 연결하기

정보 차원에서 AI는 인간의 기억력을 초월한다. 대규모의 데이터가 학습된 AI는 다양한 분야에서 다양한 방식으로 활용되고 있다. AI는 계산, 바둑, 정보 탐색 등에서 인간을 능가하는 수행 능력을 보이지만, 인간의 감정이나 경험에 대한 이해와 생성은 여전히 미흡한 단계인 것으로 보인다. AI가 대규모의 데이터를 조합하여 새로운 데이터를 생성해 낼 수는 있지만, 아직은 인간의 감정이나 경험이 녹아들어 있는 데이터를 생성하고, 인간의 감정을 모방하는 단계에는 이르지 못하고 있다.

따라서 우리는 AI가 인간의 감정이나 경험을 이해하고 학습할 수 있도록 인문데이터를 구축해야만 한다. 인문데이터의 구축을 통해 인간과 AI가 원활하게 상호작용할 수 있는 발판을 마련할 수 있으며, 더 나아가 인간의 삶의 질을 높일 수 있는 계기를 마련하게 될 것이다.

이러한 관점에서 이 책은 AI 인문데이터의 구축과 활용의 실제를 살펴보았다. 인간의 마음을 다루는 어휘, 음성, 이미지 형태의 감정 데이터를 중심으로 인간의 복잡한 감정이 AI와 연결되도록 시도하였다.

한국어 감정 어휘를 24개의 감정 유형으로 구분하고 사전의 표제어와 용례를 기반으로 감정 어휘 사전을 구축하였다. 데이터 설계와 구축 절차를 제공하였고, 딥러닝을 활용한 감성 분석을 제시하였다.

감정 인식을 위한 음성데이터 분석에서는 음성 기반 AI 시스템의 구축 과정과 음성 감정어 데이터의 활용성을 제공하였다. 특히 한국어를 기반으로 하여 감정 강도, 감정 유형 분류, 음성 감정이 반영된 녹음 문장이 예시되었으며, 감정 지각 실험을 통해 감정 발화에 대한 감정 인식률을 제시하였다. 딥러닝 기반의 한국어 음성 감정 인식률의 결과를 분석하고, 한국 방송 뉴스의 음성 표출 양상을 분석하였다.

이미지 데이터 분석은 다면적이고 복잡한 한국인의 감정을 유형화하고 얼굴 이미지 기반의 감정 인식 데이터세트의 구축 과정과 분석 결과를 제공하였다. 선행 연구들이 서양 문화권을 토대로 하여 기본 감정에 근거하였다면 중앙대학교 '인문콘텐츠연구소'에서 구축한 감정 데이터는 한국인의 정서에 기반하여 24개로 분류하였다. 또한 다중 주석을 시도하여 인간 감정의 복잡다단한 측면을 반영하려고 했다는 점에서 주목할 만하다.

이 책에서 제시한 감정 데이터, 비윤리 데이터 등의 AI 인문데이터는 인간과 AI가 상호작용하기 위해서 인간의 감정, 윤리, 경험의 다면성, 복잡성 등을 고려하여 인간 주석자를 통해 구축하였으며, 한국인의 정서에 적합한 데이터를 구축했다는 점에서 의의가 있다. 앞으로 AI가 감정 능력을 지니며 인간과 정서적으로 소통하기 위해서는 다양한 AI 인문데이터의 구축이 필요하다. 감정 데이터, 비윤리 데이터 등의 AI 인문데이터는 다양하고 새로운 분야의 인문데이터를 구축하는 하나의 모델이 될 수 있을 것이다.

차례

머리말 인문데이터로 인간 읽기 · 4

1장 **들어가며** · 15

2장 **인공지능 인문데이터** · 27

   1. 인공지능 인문데이터의 정의 · 29

   2. 인공지능 인문데이터의 특성 · 33
      (1) 인문데이터의 속성 · 34
      (2) 인문데이터 구축의 중요성 · 36

3장 인공지능 인문데이터 구축의 실제 · 43

1. 비윤리 텍스트 데이터 · 47
  (1) AI 데이터 구축에서 비윤리 텍스트가 가지는 의미 · 48
  (2) 비윤리 텍스트 말뭉치 구축 동향 · 50
   1) 국내외 AI 윤리 가이드라인 및 정책 · 51
   2) 해외 AI 윤리 기술개발 및 데이터 세트 구축 현황 · 51
   3) 국내 AI 윤리 기술개발 및 데이터 세트 구축 현황 · 52
  (3) 비윤리 텍스트 말뭉치 구축의 실제 · 60
   1) 데이터 설계 · 61
   2) 데이터 세트 구축 과정 · 64
   3) 비윤리 텍스트 데이터 활용 · 78
   4) 더 나은 비윤리 텍스트 데이터 구축을 위한 제언 · 83

2. 감정 온톨로지 데이터 · 87
  (1) 인공지능과 인간의 감정 · 87
  (2) 감정 온톨로지 데이터 기획 및 설계 · 89
   1) 기획 의도 · 89
   2) 감정 분류체계 기획 · 95
   3) 감정 온톨로지 체계 구축 및 활용 프로세스 정립 · 104
  (3) 학문 영역별 감정 온톨로지 데이터 구축 · 106
   1) 문학 영역 감정 온톨로지 데이터 · 106
   2) 언어학 영역 감정 온톨로지 데이터 · 111
   3) 문화콘텐츠 영역 감정 온톨로지 데이터 · 118
   4) 미학 감정 온톨로지 데이터 · 124
   5) 음성 감정 온톨로지 데이터 · 132

4장 인공지능 인문데이터 분석의 실제 · 137

1. 어휘 데이터의 분석 · 140
    (1) 24개 감정에 기반한 한국어 감정 어휘 사전 · 140
    (2) 감정 어휘 사전 구축 절차 · 142
    (3) 감정 어휘 사전을 활용한 감성 분석 · 144
        1) 감성 분석 · 144
        2) 실험 방법 · 145
        3) 실험 결과 · 149

2. 음성 데이터의 분석 · 153
    (1) 제1차 중앙대학교 인문콘텐츠연구소 한국어 음성 감정 데이터베이스 · 155
        1) 음성 감정 발화 수집 · 155
        2) 감정별 웨이브폼과 스펙트로그램 이미지 · 158
    (2) 제2차 중앙대학교 인문콘텐츠연구소 한국어 음성 감정 데이터베이스 · 163
        1) 음성 감정 발화 수집 · 163
        2) 강도에 따른 감정별 웨이브폼과 스펙트로그램 이미지 · 165
        3) 감정 지각 실험 · 168
    (3) 딥러닝 기반 음성 감정 인식 · 171
        1) 딥러닝 기반 소음하 음성 감정 인식 · 171
        2) 딥러닝 기반 한국 방송 뉴스의 음성 감정 표출 양상 분석 · 177
        3) 딥러닝 기반 한국과 미국의 코로나19 관련 방송 뉴스의 음성 감정 표출 양상 분석 · 180

3. 이미지 데이터의 분석 · 185
　(1) 24개 한국인 감정 기반 얼굴 표정 인식 데이터 세트 · 186
　(2) 관련 연구 · 189
　　1) 인간 감정 연구 · 189
　　2) 얼굴 이미지 기반 감정 인식 데이터 세트 구축 연구 · 190
　(3) 데이터 세트의 구축 · 193
　　1) 한국인의 24가지 감정 · 193
　　2) 한국 드라마 대본에 감정 레이블 부여 · 193
　　3) 얼굴 사진 추출 · 195
　　4) 데이터 세트 통계 · 196
　(4) 얼굴 표정 기반 감정 인식 기계학습 모델의 학습과 성능 · 200
　　1) 실험 데이터 · 200
　　2) 3가지 딥러닝 모델 · 202
　　3) 실험 결과 · 203
　(5) 결론 · 204

4. 인문데이터 구축의 한계와 의의 · 206

참고문헌 · 210

1장

들어가며

인간의 언어는 사고를 담는 그릇이자 마음의 거울이다. 언어는 생각을 나타낼 뿐만 아니라 복잡한 감정을 표현하기도 한다. 행복하고 즐거운 언어로 소통할 때에는 말하는 사람의 표정이나 음성의 톤, 발화가 이루어지는 상황도 긍정적인 분위기가 된다. 뇌과학자에 따르면 언어, 뇌, 마음은 서로 연결되어 있어서 감사의 표현을 말함으로써 인간의 뇌가 부정적으로 활성화되는 것을 끊어 버릴 수 있다고 한다. 상황에 따라 뇌는 변화하게 되고 뇌가 긍정적으로 활성화되면 삶도 더불어 행복해질 수 있다.

 우리는 이러한 언어, 뇌, 마음의 메커니즘을 인공지능Artificial Intelligence, AI에도 적용해 보려고 한다. 오늘날 우리 인간의 의사소통은 인간 대 인간을 넘어 인간 대 AI, 더 나아가 AI 대 AI로 가는 시대로 변모하고 있다. 따라서 우리가 AI와 소통하기 위해서는 먼저 인간의 언어와 마음을 성찰해 보아야 한다. AI는 인간 세상을 학습하고 이와 같은 학습이 누적되면서 학습의 강화와 증폭이 이루어진다. 그 결과 현재 대용량의 계산이나 처리는 AI가 인간을 월등히 뛰어넘는 단계에 이르렀다.

더욱이 AI가 인간 세상의 민낯과 갈등을 고스란히 드러내는 사례도 어렵지 않게 찾아볼 수 있다. 일례로 미국 MS사의 AI 챗봇 '테이'나 한국 '스캐터랩'의 대화형 AI '이루다'에서도 차별과 혐오가 포함된 비윤리 표현이 사회적 문제로 대두된 바 있다. 이는 AI에게 문제가 되는 학습 데이터를 제공한 것에서 그 원인을 찾을 수 있다. 이러한 문제를 개선하기 위한 노력 중 하나로, '튜닙TUNiB'에서는 올바른 표현인지 검토하도록 12개의 비윤리 범주를 제시한 바 있다.[1]

AI가 인간 단계의 지능Human-level AI과 인간 같은 지능Human-like AI으로 진화하기 위해서는 인간에 대한 이해가 필수이다. 인간의 무늬를 가리켜 '인문人文'이라 하는데 기술이 발전하는 사회로 갈수록 인간에 대한 이해와 성찰이 반드시 필요하다. AI는 대규모의 학습 데이터로 인간과 상호작용하게 된다. 따라서 이러한 AI 학습 데이터 구축에서부터 인문학적 성찰이 반영되어야 한다. AI는 인간 세상이 지니는 이데올로기를 학습하게 되며, AI 스스로 지능이 고도화되면서 더 많은 이데올로기를 확산하거나 재생산하게 된다. 그러므로 우리가 인간을 위한 AI를 만들고, 인간과 AI가 안전하게 소통하기 위해서는 인문학적 고민이

---

[1] 'Toxicitity' 분류를 'swear word, obscenity, violence, and aversion of gender, age, race, diabled, religion, politics, occupation, and depression/suicide'로 구분하고 2023년 12월 이후는 기업/기관에서 API를 통해 Safety Check 서비스를 이용할 수 있다.

깃든 인문데이터 구축이 필요한 것이다.

인간의 마음을 이해하는 AI를 만들기 위해서는 지능 학습뿐만 아니라 감정 학습도 같이 이루어져야 한다. KAIST 연구팀은 뇌 전두엽에서 발생하는 뇌전도EEG와 심장박동 데이터를 분석하여 행복, 흥분, 기쁨, 슬픔 등 12가지 감정 상태를 구분하는 기술을 개발했다. 한국생산기술연구원의 '에버EveR' 시리즈도 인간과 로봇이 서로 감정적으로 소통할 수 있음을 보여 준다. 에버는 상대의 얼굴을 다양한 각도에서 살펴보고 6개 기본 감정을 동시에 인식해 표정으로 반응한다. AI의 고도화된 인식 기능을 활용해 사용자가 내린 명령에 반응할 뿐만 아니라, AI 스스로 사용자 감정을 인식하여 대응하는 수준에 이르렀다.

이처럼 인공감정 로봇이 가능하게 되었으므로 미래에는 딥러닝Deep Learning뿐만 아니라 딥필링Deep Feeling으로 가야 한다. 딥필링은 인간의 복잡한 내면세계와 다양한 외부 환경이 상호작용하며 만들어 내는 감청 체계를 스스로 인지하고 구현해 나가는 과정이라 할 수 있다.[2]

인간의 마음을 이해하는 AI를 만들기 위해서는 먼저 인간의 본질을 되돌아볼 수 있고 인간 사회에 도움이 될 수 있는 인문데이터를 구축해야 한다. 중앙대학교 인문콘텐츠연구소에서는 지금까지 24개 분류의 감정 데이터와 NIA 학습 데이터 구축 사업에 참여하여 비윤리 텍스트 데이터를 구축한 바 있다. AI에게 인간의 마음을 올바르게 이해시키기 위해서는 인간의 인문학

---

[2] 김성태, 『데이톨로지: AI·메타버스 시대를 읽는 데이터인문학』, 이른비, 2022, 306쪽. https://www.youtube.com/watch?v=21EiKfQYZXc

적 성찰을 기반으로 AI 데이터의 구축, 분석, 해석이 이루어져야 한다. 이러한 인문데이터야말로 AI가 인간 세상을 이롭게 하고 인간과 공존하면서 더 나은 미래를 만들어 가는 데 이정표 역할을 할 것이다.

그렇다면 실제로 인문데이터란 어떤 것일까? 인문데이터의 한 예로 『승정원일기』의 원문 데이터를 들 수 있다. 한국고전번역원은 방대한 규모의 『승정원일기』 데이터로 인공지능 모델을 개발하여 '한문고전 자동번역서비스'를 제공함으로써 인문학 연구와 대중화에 기여하고 있다.

2021년에 오픈하여 서비스 중인 '한문고전 자동번역서비스'는 『승정원일기』 원문 데이터와 이를 한국어로 번역한 데이터를 기반으로 한국고전번역원이 개발한 『승정원일기』 자동번역 모델과, 이 모델을 기반으로 한국천문연구원과 공동 개발한 천문

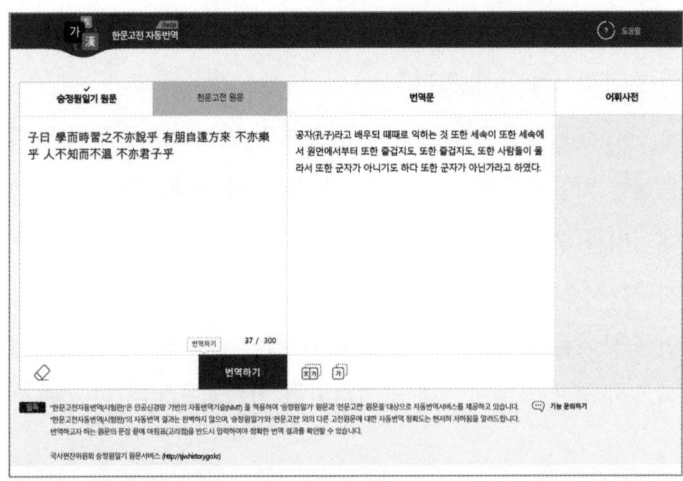

그림 1. 한국고전번역원 한문고전 자동번역서비스 화면

고전 모델을 탑재하고 있으며, 이를 통해 『승정원일기』와 천문고전에 대한 초벌 번역 수준의 자동번역을 수행하고 있다.

한문고전 자동번역 모델의 기반이 된 『승정원일기』는 조선시대 승정원에서 왕명의 출납, 제반 행정사무, 의례적 사항을 기록한 일기로, 현재 1623년(인조 1년)부터 1910년(융희 4년)까지의 3,243책(총 2억 4,300만여 자의 분량)이 남아 있는 대규모의 인문고전 데이터이다.

한문으로 기록된 『승정원일기』의 국역 사업은 1996년부터 시작되었고, 현재 인조仁祖, 영조英祖, 고종高宗, 순종純宗 대의 기사가 현대 한국어로 번역되어 한국고전종합DB에서 서비스되고 있다. 이는 100여 명의 고문서 전문 번역가가 20여 년 동안 번역한 양으로서 전체의 20% 정도밖에 되지 않는 분량이다.

한문고전 자동번역 모델은 전문 연구원들이 번역해 둔 영조 즉위년부터 4년 치 기록에서 추출된 '한글·한자' 단어 쌍 35만 개를 기반으로 6개월간 AI 번역 기계학습을 구축했고, 문장 맥락의 이해도와 정확도가 전문 번역사 대비 70%까지 따라왔다고 평가된다. 이 모델을 통해 『승정원일기』의 초벌 번역이 이루어지고, 전문 번역가의 감수를 통해 교열, 윤색, 주석 작업을 거쳐 우리말 번역문이 완성된다. 완성된 번역문은 다시 언어 쌍 데이터베이스에 추가되어 자동번역 모델의 정확도를 향상시킨다. 이러한 과정을 통해(전문 번역가에 의한 번역 시) 2062년으로 예상했던 『승정원일기』의 완역 시점은 30년 이상 앞당겨질 것으로 파악된다.

여기에서 한문본 『승정원일기』, 전문 번역가에 의해 번역된 국역『승정원일기』, 35만 개의 '한글·한자' 단어 쌍, AI와 전문 번역가의 협업으로 번역된 국역『승정원일기』등은 모두 인문데이터이지만, 그 성격은 조금씩 다르다. 먼저 한문본『승정원일기』는 책으로 된 인문고전으로 미가공 데이터(raw data, 원 자료)이자 비정형 데이터이다. 이를 번역한 국역『승정원일기』는 인문데이터를 해석한 결과라고 할 수 있다. 한문고전 자동번역 모델 구축의 측면에서는 한문본『승정원일기』와 국역『승정원일기』가 모두 인공지능이 학습할 수 없는 미가공 데이터이고, 이를 바탕으로 추출한 35만 개의 '한글·한자' 단어 쌍은 인공지능의 학습을 위해 가공한 정형 데이터이다. 마지막으로 AI와 전문 번역가의 협업으로 번역된 국역『승정원일기』는 인공지능을 활용하여 인문데이터를 해석한 결과이며, 다시 인공지능 학습을 위해 가공되는 데이터라고 할 수 있다.

또 다른 인문데이터의 예로 소설가가 쓴 소설을 들 수 있다. 그런데 우리가 접하는 소설은 보통 종이책이거나 전자책의 형태로 되어 있다. 종이책이나 전자책으로 된 소설은 컴퓨터가 손쉽게 읽고 사용할 수 있는 인문데이터는 아니다. 인문데이터 해석학에서 소설 작품을 분석하기 위해서는 컴퓨터로 처리할 수 있는 인문데이터가 필요하다. 따라서 인문데이터 해석학을 통한 문학 연구에서는 컴퓨터로 처리할 수 있는 소설의 텍스트 데이터 구축이 필수다. 소설 작품의 텍스트 데이터 구축은 종이책으로 된 소설 작품을 한 자 한 자 타이핑하거나, 한 장 한 장 OCR로 인식하거나, 아니면 공공 데이터 포털에서 작품을 검색하거나, 작품의 편집본 파일을 작가와 출판사 등을 통해 구하는 등의 과정을 통해 이루어진다.

문자로 된 텍스트 외에도 다양한 인문데이터가 있다. 예컨대 이미지 데이터가 그것이다. 사람의 표정을 담은 얼굴 사진을 예로 들어 보자. 일반적으로 사람은 다른 사람의 표정을 통해 그 사람의 감정을 읽는다. 상대방이 의도적으로 무표정한 얼굴을 하지 않는 한, 표정을 보고 그 사람의 감정 상태를 짐작할 수 있다. 이렇게 사람이 다른 사람의 표정을 보고 감정을 인식하는 행위는 문화를 초월하여 보편적이다. 미국 심리학자이자 비언어적 의사소통 분야의 대가인 폴 에크만은 사람이 얼굴을 통해 인식할 수 있는 보편적인 감정으로 기쁨, 슬픔, 분노, 두려움, 놀람, 혐오의 6가지 감정을 들었다.[3]

그런데 만약 기계가 사람처럼 사람의 표정을 읽을 수 있다면 어떨까? 그렇게 된다면 마치 사람이 사람의 감정을 배려하듯 기계가 사람의 감정을 배려할 수 있게 되어 우리는 지금보다 더 인간 친화적인 인간과 기계의 상호작용을 실현할 수 있을 것이다. 그러기 위해서는 먼저 기계가 사람의 표정에서 감정을 인식할 수 있어야 한다.

실제로 컴퓨터 비전 연구의 세부 분야에는 사람의 얼굴에서 감정을 인식하는 연구 분야인 표정 인식 연구Facial Emotion Recognition(이후 FER로 표기함)가 있다. 컴퓨터에 의한 표정 인식은 컴퓨터가 다량의 얼굴 사진과 감정 레이블이 달린 학습 데이터로 기계학습 모델을 구축하고, 이러한 기계학습 모델로 새로운

---

[3] Ekman, P. & W. V. Friesen. "Constants Across Cultures in the Face and Emotion." *Journal of Personality and Social Psychology*, 17(2), 1971, pp. 124~129.

얼굴 사진의 표정을 분석하여 감정을 유추하는 방식으로 진행된다.

이때 기계학습 모델로 사람의 표정에서 감정을 인식할 때 필요한 것이 감정 레이블이 달린 다량의 얼굴 사진인데, 지금까지 다양한 연구에서 감정 레이블이 달린 얼굴 사진 데이터 세트를 구축하여 공개하고 있다. 대표적인 데이터 세트로 FER-2013[4], CK+ 데이터 세트[5], JAFFE 데이터 세트[6]가 있는데, 이들 데이터 세트는 모두 에크만의 6가지 감정을 감정 레이블로 정의하고 있다.

그런데 사람의 감정은 단순히 6가지 감정으로만 이루어지는 것은 아니다. 예컨대 친구들과 함께 놀 때 기쁠 수도 있지만 재미를 느낄 수도 있고, 친구가 내 요구를 들어주지 않았을 때 화가 나거나 슬플 수도 있지만 섭섭하거나 우울한 마음이 들 수도 있다. 이처럼 우리는 보편적으로 인식할 수 있는 에크만의 6가지 감정 외에도 재미, 권태, 감동, 불안, 설렘, 섭섭함, 수치, 우울, 심란, 죄책, 연민 등 실로 다채롭고 복잡한 감정을 느끼며 하루하루를 살아가고 있다.

이러한 복잡미묘한 감정을 다루기 위해 중앙대학교 인문콘텐츠연구소는 에크만의 보편적인 6개의 감정 외에도 한국인의 정서를 고려한 다양한 감정들을 기존 논문 조사를 통해 도출하고

---

4 https://www.kaggle.com/c/challenges-in-representation-learning-facial-expression-ecognition-challenge/data

5 http://www.jeffcohn.net/wp-content/uploads/2020/10/2020.10.26_CK-AgreementForm.pdf100.pdf.pdf

6 https://zenodo.org/record/3451524#.YWZ899pByUk

총 24가지 감정을 선별하였다.[7] 그리고 선별한 24개 감정을 이용하여 좀 더 복잡한 얼굴 표정 인식 데이터 세트를 구축하였다.

　기존의 공학적 접근법은 과학적 근거가 명확한 문제들을 다루는 데 초점을 맞추고 있다. 예컨대 사람 표정 속 감정 인식 연구들은 대체로 에크만의 6가지 감정을 다루고 있는데, 이는 6가지 감정이 문화를 초월하여 보편적으로 인식될 수 있다는 실험 결과가 존재하기 때문이다. 이러한 실험 결과는 컴퓨터에 의한 자동 표정 인식의 성공을 어느 정도 보장하는 근거가 된다.

　이에 비해 중앙대 인문콘텐츠연구소가 구축한 24가지 감정 기반 표정 인식 데이터 세트는 좀 더 현실적인 사람의 감정을 파악하고 싶다는 욕구에 초점을 맞추고 있다. 설렘이나 섭섭함 등 다채로운 감정들이 문화를 초월하여 인식된다는 기존 연구가 없기 때문에, 사실 컴퓨터에 의해 이러한 감정들의 자동 인식이 보장되는 상황은 아니다. 하지만 자동 인식 성공률에 신경 쓰기보다는 "좀 더 다채로운 감정을 컴퓨터가 인식할 수 있을까?", "오히려 컴퓨터가 사람보다 복잡한 감정을 더 잘 인식할 수 있지는 않을까?"라는 질문에 대답하기 위해 이렇게 도전적인 데이터 세트를 구축할 수 있었다. 이는 인문사회과학자들의 상상력과 호기심 덕분이라고 말할 수 있을 것이다.

7　이유미·박지영·김바로, 「한국어 감정 디지털 온톨로지 구축에 관한 연구」, 『한국어 의미학』, 68, 한국어의미학회, 2020, 131~162쪽.

2장
인공지능 인문데이터

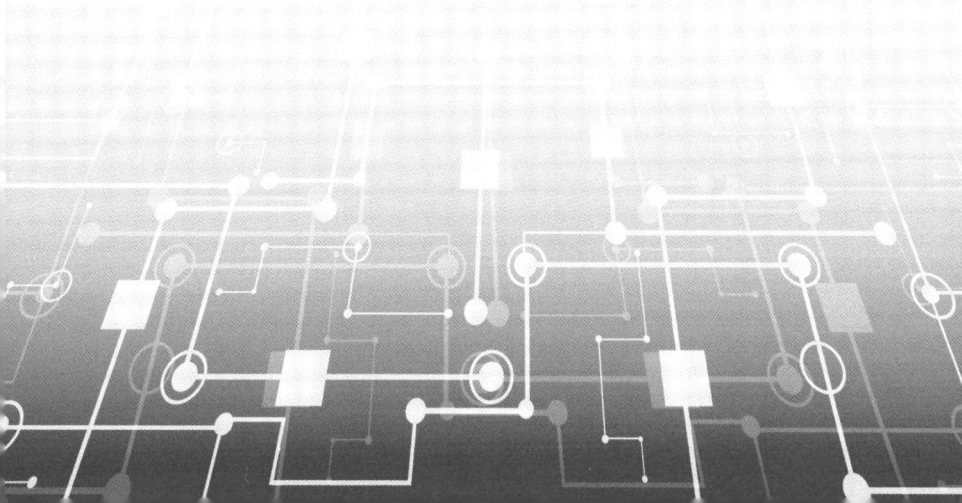

1
인공지능 인문데이터의 정의

인공지능 인문데이터란 '인공지능'과 '인문학', 그리고 '데이터'의 개념을 포괄하는 데이터를 가리킨다. 먼저 데이터란 정보를 나타내는 사실, 수치, 기호, 이미지 등의 형태로 표현된 값들의 집합이다. 데이터의 사전적 정의는 "이론을 세우는 데 기초가 되는 사실 또는 바탕이 되는 자료"이다. 데이터는 사람과 컴퓨터 모두가 다루는 자료인데, 컴퓨터가 이해하고 처리할 수 있는 형태로 표현된 데이터를 디지털 데이터라고 한다.

데이터는 현실 세계에서 관찰하고 수집한 정보를 기록하며 텍스트, 숫자, 이미지, 음성, 동영상 등 다양한 형식으로 표현될 수 있다. 데이터는 정보를 이해하고 분석할 때 사용되는 핵심 자료이고, 우리는 데이터를 수집하고 분석함으로써 통계적 패턴, 동향, 관계 등을 발견할 수 있으며 이를 통해 의사결정을 내

리거나 통찰력을 얻을 수 있다.

데이터는 그 형태에 따라 크게 정형 데이터Structured Data, 비정형 데이터Unstructured Data, 반정형 데이터Semi-structured Data로 나뉜다. 여기서 정형 데이터는 미리 정의된 구조에 따라 저장된 데이터를 말한다. 정형 데이터는 표의 형태로 표현되며, 각 열은 특정 데이터의 유형을 나타내고 각 행은 해당 데이터의 개별 값을 나타낸다.

비정형 데이터는 미리 정의된 구조나 형식이 없으며 다양한 형태로 존재하는 데이터를 가리킨다. 비정형 데이터는 텍스트, 이미지, 비디오, 음성 녹음 등 다양한 형식을 취할 수 있다. 비정형 데이터는 표와 같이 구조화되어 있지 않기 때문에 텍스트 분석, 이미지 처리, 음성 인식 등의 기술을 사용하여 데이터로부터 의미 있는 정보를 추출해야 한다.

마지막으로 반정형 데이터는 정형 데이터와 비정형 데이터의 특성을 모두 가지는 중간 형태의 데이터이다. 반정형 데이터의 일부는 구조화되어 있지만 다른 부분은 구조화되어 있지 않다. 반정형 데이터의 예로 XMLeXtensible Markup Language과 JSONJavaScript Object Notation이라는 디지털 데이터가 있다.

데이터에 인문학을 접목한 '인문데이터'는 크게는 인간과 인간의 문화 전반을 아우르는 데이터를 말하며, 작게는 인문학 분야에서 다루는 데이터를 가리킨다. 인문학의 사전적 정의는 "언어, 문학, 역사, 철학 따위를 연구하는 학문"인데, 인문학 연구에서 다루는 인문데이터는 언어, 문학, 역사, 철학을 연구함으로써 생성되는 데이터를 가리킨다. 이러한 인문데이터의 예로는 다양한 언어 자료, 문학 텍스트, 역사 문서, 철학 텍스트 등이 있다. 또 넓은 의미의 인문데이터에는 인간의 사고와 행동, 문화적 현상 등을 다루는 다양한 데이터가 모두 포함된다. 인문데이터는 텍스트, 이미지, 영상, 음성 등의 다양한 형태로 수집되며 인간의 인식, 감정, 가치, 믿음, 성격 등을 이해하고자 할 때 유용하다.

　인문데이터는 인간과 인간의 문화에 대한 통찰력을 담고 있기에, 우리는 인문데이터를 분석하는 것으로 인간 자신, 인간 사회, 그리고 인간의 삶에 대해 깊이 이해할 수 있다. 따라서 인문데이터는 인간과 인간 문화의 다양성과 복잡성을 이해하려는 연구자에게 필수적인 데이터이다.

　이러한 인문데이터에 인공지능을 접목한 '인공지능 인문데이터'는 인간의 삶을 이롭게 하는 인공지능의 연구개발에 사용되는 데이터를 가리킨다. 예를 들어 비윤리적인 언어 표현을 자동으로 인식하는 인공지능을 개발하기 위해 사용된 텍스트 데이터라든지, 사람이 섭섭한 표정을 지었을 때 해당 표정을 '섭섭하다'라고 읽을 줄 아는 인공지능을 개발할 때 사용되는 이미지 데이터 등이 인공지능 인문데이터에 해당한다. 이 둘이 인공지능 인문데이터인 이유는, 앞의 경우 비윤리적인 언어 표현의 유형을 세세하게 정의해야 하기 때문에 인간 언어 사용에 대한 전문지식이 필요하며, 뒤의 경우 인간이 가지는 다양한 표정 유형을 도출해 내기 위해 심리학적·문화적 지식이 필요하기 때문이다. 두 가지 데이터 모두 인간에 대한 깊은 이해, 즉 인문학적 지식과 소양이 전제되어야만 구축할 수 있는 데이터이다.

　결국 인공지능 인문데이터는 인간을 더 잘 알고, 인간을 더 잘 도울 수 있는 인공지능을 개발하기 위해 인문학적 지식을 반영하여 구축한 데이터라고 할 수 있다.

2
인공지능 인문데이터의 특성

 앞서 우리는 인공지능 인문데이터가 인간에게 이로운 인공지능을 연구하고 개발하는 데 쓰이는 데이터라고 정의하였는데, 인간의 삶과 관련된 문화, 언어, 역사, 철학, 예술 등과 같은 인문학적 주제를 반영한다. 또 그러한 특성상 주관적이고 복잡하며 해석하기 어렵기 때문에, 체계적인 데이터 구축이 이루어져야 하며, 분석 방법과 결과에 대한 해석 또한 체계적으로 이루어져야 한다. 중앙대학교 인문콘텐츠연구소에서는 인문학적 관점에서 인간과 관련된 데이터로 감정 데이터와 비윤리 데이터를 구축하였다.
 인공지능이 인간과 상호 소통하고 인간의 삶을 더욱 풍요롭게 하기 위해서는 인간 중심의 데이터를 학습해야만 한다. 인간 중심의 데이터는 인간의 문화, 언어, 사회적 관습 등을 반영하는 인문학적 관점이 반영된 인문데이터이다.

(1) 인문데이터의 속성

그렇다면 우리가 언급하는 인문데이터는 어떠한 특징을 지니는지 인문데이터의 속성을 개략적으로 살펴보도록 하자.

첫째, 인문데이터는 비정형 데이터 형식으로 나타난다. 예를 들어 텍스트, 이미지, 음성 등과 같은 형식으로 존재할 수 있다. 이러한 비정형성으로 인해 데이터를 처리하고 분석하는 데 어려움이 있을 수 있다.

둘째, 인문데이터는 인문학과 관련된 주제와 텍스트로 나타난다. 고전 자료부터 현대 자료에 이르기까지 주로 텍스트 형태로 존재하므로 인문데이터는 텍스트 중심으로 구축되고 분석될 가능성이 높다. 이러한 텍스트는 다양한 형식이 존재할 수 있다. 예를 들어 문학 작품, 역사 문서, 사회 조사 결과에 이르기까지 그 텍스트의 형태도 다양하게 나타난다.

셋째, 인문데이터는 인간과 관련된 주제를 다루므로 주관성과 복잡성을 지닌다. 다시 말해, 과학적인 객관성을 나타내는 숫자 데이터라기보다 인간 본질과 인간 사회에서 나타나는 주관적이고 복잡한 현상에 대하여 의미를 해석하고 이해하는 데에 초점을 두어야 한다.

넷째, 인문데이터는 인간 사회와 관련된 다양한 주제와 영역을 다루므로 다양성을 나타낸다. 인간의 문화, 언어, 역사, 철학,

예술, 사회문화적 관습 등에 이르기까지 그 내용이 다양한데, 이를 반영하는 데이터를 분석하고 해석함으로써 유용한 정보를 얻을 수 있다.

다섯째, 인문데이터는 고정적이지 않고 유동적이다. 시대와 문화에 따라 변화를 보이며, 지역, 계층, 성별, 연령, 상황을 아우르는 사회언어학적 요소를 지닌다. 그러므로 인문데이터를 분석함으로써 역사적 변화를 이해하거나 시기에 따른 언어 변화를 이해할 수 있다. 또 현재 사회에서도 시시각각 변화하는 문화, 언어, 사회적 관습 등의 새로운 정보가 추가될 수 있다.

여섯째, 인문데이터의 연구 방법으로는 텍스트 마이닝과 기계학습이 있다. 최근 이러한 방법으로 인문데이터를 정량적으로 분석하고, 인사이트를 도출하려는 연구가 활발히 진행되고 있다.

이와 같은 인문데이터의 속성을 제대로 이해하여 널리 활용할 수 있는 인문데이터를 구축해야 할 것이다.

대규모 언어 모델 기반의 생성 AI도 인간에 의해 방대한 양의 데이터를 학습하는 데에서부터 비롯된다. 특히, 인간에게 이로운 인공지능을 개발하기 위해서는 정확성Accuracy, 일관성Consistence, 수용성Coverage, 편향성Balance 등을 고려하여 데이터를 학습해야 한다.

정확성은 인공지능 윤리와 인문데이터 지침에 정확한 데이터를 구축하는 것과 관련된다. 일관성은 데이터를 구축하는 작업자와 무관하게 동일한 레이블링이 이루어져야 하며, 그 작업 결과가 일관되게 나타나야 하는 것과 관련된다. 수용성은 다양한 데이터가 가지는 충분한 사례를 포함해야 하는 것과 관련이 있다. 매체의 발달에 따라 발생하게 되는 각종 신조어나 유행어 등을 포함하여 데이터를 꾸준히 보완해야 한다. 편향성은 데이터가 특정 성별, 인종, 계층 등에 편향되지 않도록 학습 데이터를 고르게 구성해야 하는 것과 관련이 있다. 이러한 기준을 고려하여 인문데이터를 설계하고 구축해야 한다.

(2) 인문데이터 구축의 중요성

최근 대규모 언어모델을 기반으로 한 생성 AI가 다양한 분야에서 활발하게 활용되고 있다. 즉 챗지피티ChatGPT 등을 활용하여 데이터를 손쉽게 대규모로 생성할 수 있지만, 우리는 인간이 개입하여 인문학적 성찰이 반영된 인문데이터를 구축해야 한다고 주장한다. 그리고 인간에게 이로운 인공지능을 개발하고 이러한 AI와 원활하게 소통하기 위해서는 인간 중심의 데이터가 구축되어야 한다.

우선, 생성 AI는 방대한 양의 데이터를 학습하여 새로운 데이터를 생성하는데, 이미 학습한 데이터와 유사한 데이터로 한정하여 데이터를 생성하는 한계가 있다. 예를 들어 생성 AI가 텍스트 데이터를 학습했다면, 이미지나 음성 데이터는 생성할 수 없다. 뿐만 아니라 인간의 복잡한 감정이나 의사소통의 맥락을 스스로 추론할 수 없다. 학습한 데이터에 한해서 데이터를 생성하므로 인간의 삶과 관련된 다양한 문화, 언어, 역사, 철학, 예술 등을 종합적으로 생성해 내기는 어렵다.

다음으로 생성 AI는 편향성을 반영할 수 있다는 점에서도 한계가 있다. 생성 AI가 학습한 데이터에 편향이 존재한다면 이를 기반으로 편향된 데이터를 생성할 수 있다. 즉 특정 성별이나 인종에 편향된 데이터를 학습했을 경우, 문제가 발생하게 된다.

또한 생성 AI는 학습 데이터의 규모에 따라서 생성하는 데이터 품질이 달라질 수 있다. 가령 적은 양의 텍스트 데이터를 학습했다면 생성 AI가 생성하는 텍스트의 품질이 떨어질 우려가 있다. 이처럼 생성 AI는 데이터 생산성, 효율성, 접근성 등에서 매우 유용한 기술이지만, 그 결과물은 여전히 기계가 생성하는 데이터의 한계를 지닌다.[8]

이를 해결하기 위해서 인간 중심의 인문데이터가 필요하며, 인문데이터는 그 설계에서부터 인문학적 통찰력이 반영되어야 한다. 이제는 인문학과 빅데이터 기술이 연결되면서 다양한 학문과 연계되어 활용이 가능해졌다. 그러나 인간의 직관에 기술의 객관을 융합하였을 때 비로소 인간을 이롭게 하는 인공지능 인문데이터가 구축될 수 있다.

최근에는 기존 인문학적 방법에 데이터 처리 기술이 발전하면서 인문학의 연구 속도와 효율성이 한층 높아졌다. 방법론적 측면에서도 주관성에 객관성이 더해져 다양한 연구 개발이 이

---

[8] 실제로 생성AI가 생성한 콘텐츠로 훈련한 기계학습 모델은 붕괴한다는 연구 결과가 있으며, 이는 사람이 신중하게 데이터를 구축해야 하는 또 하나의 이유가 되고 있다. (Shumailov, I., et al. "The Curse of Recursion: Training on Generated Data Makes Models Forget." arXiv e-prints, 2023. https://arxiv.org/abs/2305.17493)를 참고하라.

루어질 수 있다. 이를 소위 인문데이터과학이라 하는데, 인문학 자료를 디지털화하는 작업은 이미 국사편찬위원회, 고전번역원, 한국학중앙연구원 등에서 이루어졌다. 『조선왕조실록』, 『승정원일기』 등과 같은 문헌 자료를 데이터베이스로 만들어, 인문데이터 처리와 분석을 위한 기초데이터가 마련되어 있다. 이러한 비정형 자료를 바탕으로 딥러닝, 기계학습, 빅데이터 처리 기술이 결합하면서 인문학 연구에 새로운 연구 지평을 열게 되었으며 인문데이터를 공공 서비스적 요소로 활용하기에 이르렀다.[9]

인문데이터 구축에는 인문학적 배경이 요구된다. 다시 말해, 데이터 설계와 구축에서 인문학적 도메인 지식이 데이터 결과에 밀접하게 연관된다. 인문데이터의 속성을 제대로 알고 데이터 처리의 기술을 적용해야 데이터 결과값에 부합하는 해석이 가능해진다. 가령, 한국어 데이터 결과를 분석할 경우에도 한국어의 문법, 의미와 같은 도메인 지식이 있을 때 비로소 데이터에 대한 해석이 적절하게 이루어질 수 있다.

이와 같이 인문데이터의 속성을 제대로 이해하고 가르치기 위하여 대학 내에 인문데이터 연계전공이나 연구센터가 마련되었다. 대표적으로 서울대학교 인문데이터과학 연계전공, 아주대학교 데이터인문 연계전공, KAIST 디지털인문사회과학부, 한국외대 인문데이터연구센터 등이 그러하며, 중앙대학교 인문콘텐츠연구소에서는 인문학적 가치 고양을 위하여 인공지능

---

[9] 이현정, "인문데이터과학, 직관에 객관을 더하다", 대학신문, 2017. 7. 9., https://www.snunews.com/news/articleView.html?idxno=16854 (최종검색일 2023.8.9.)

인문데이터 해석학적 관점의 다양한 연구를 수행하고 있다. 이에 관련해서는 3장 이후에 실제적인 데이터 구축 과정과 분석 결과를 기술하고자 한다.

우리는 인간과 인공지능의 상호작용을 위해서는 인간 중심의 인문데이터 구축이 필요하며 인문학적 배경지식이 데이터 설계에도 중요함을 논의하였다. 인문데이터는 인간과 관련된 주제의 데이터로서 인간에게 이로운 인공지능의 데이터로 마련되어야 한다. 또한 축적된 인문데이터를 통해 인간 삶의 다양한 현상을 해석하고 추론이 가능해진다. 이에 딥러닝과 같은 데이터 처리 기술을 적용하여 데이터 탐색, 예측, 추론 등이 가능하게 되며, 일상생활 속에서 발생하는 문제를 해결하는 것도 한결 수월해질 수 있다.

그러기 위해서는 품질이 좋은 데이터를 구축해야 하는데, 앞서 살펴본 것처럼 인문학적 이론과 배경이 반영되고, 복잡다단한 인간 삶의 양상에 대한 통찰력이 고려되었을 때 비로소 고품질의 인문데이터가 구축될 수 있을 것이다. 그리고 이러한 고품질의 인문데이터는 다양한 학제 간 연구와 협업을 통해 지속적으로 구축되고 정제되어야 할 것이다.

마지막으로 미래 인문데이터의 가치를 논의하고자 한다. 인간 간에 소통하던 방식에서 인간과 기계가 소통하는 방식으로 소통의 양상이 확대됨에 따라, 이제는 기계에게 인간의 소통 방식을 가르쳐야 하는 상황에 이르렀다. 김바로(2019)에 따르면, 미래의 인문데이터는 인간이 생각하는 방식으로 구현할 수 있는 시맨틱 데이터라고 제안하고 있다. 이에 관련된 내용을 간단히 소개하면 다음과 같다.

인간가독형 데이터Human Readable Data의 핵심은 인간이다. 문서 파일로 사용되던 PDF, HWP, DOC와 같은 파일은 컴퓨터에서 작동하지만 제한적인 정보만 제공한다. 예를 들어, '이순신'과 '충무공'이 있다면 검색한 정보만을 제공하며 인간이 '이순신'과 '충무공'의 관계를 자연스럽게 연결하여 사고하는 패턴은 컴퓨터가 이해하지 못한다. 그러나 '이순신'과 '충무공'의 관계를 알려 주기 위하여 컴퓨터 중심의 기계 가독형 데이터Machine Readable Data가 나타났다.

이는 관계 모델, 마크업 모델, 시맨틱 모델로 나뉜다. 인간은 '이순신'과 '충무공'을 자연스럽게 함께 떠올리는데, 이처럼 인간이 생각하는 의미 맥락을 인공지능에게 알려 줄 필요가 있다. 이것이 바로 시맨틱 데이터이다.

인공지능은 시맨틱 데이터를 바탕으로 인간의 지식을 학습하고 있다. 실제로 시맨틱 데이터로 학습한 IBM의 인공지능 왓슨은 퀴즈 대회에서 우승을 차지했다. 그러나 시맨틱 데이터의 문제는 마크업 방식과 같이 대량의 수작업이 필요하다는 것이다. 인간의 지식을 직접 컴퓨터에게 알려 주어야 하며, 이를 위해 수많은 노력이 요구된다.

또 다른 예시로, '레미제라블'과 '창작자'와 '빅토르 위고'가 있다. '『레미제라블』의 창작자는 빅토르 위고이다.'라는 의미를 구조화한 것이다. 이와 같은 데이터 세트는 일정한 구조로 구현되며 각각의 요소가 서로 어떻게 연관되는지를 보여 줄 수 있다. 데이터를 구축하는 작업자가 특정 영역의 전문지식을 바탕으로 시맨틱 데이터로 만들기 위해서는 해당 분야의 전문지식을 갖추고 있으면서 동시에 시맨틱 데이터의 구조와 개념을 이해해야 한다. 미래의 인문데이터를 구축하기 위해서는 특정 영역의 전문지식을 갖춘 전문가의 지식을 바탕으로 시맨틱 데이터로 구축해야 한다.[10]

우리는 앞으로의 인문데이터에 관한 잠재적인 방향성을 제안하고자 한다. 인문데이터는 인간 문화를 디지털화하고 공공 참여를 통해 더욱 발전적인 미래의 인문데이터로 지속적으로 보완되어야 한다. 먼저 고전 자료로부터 현대 대규모 자료에 이르기까지 방대한 한국어 인문 자료를 기록하는 것이 중요하다. 디지털 기술의 확산으로 역사적 문서, 예술품, 사회문화 자료의 디지털화에 관한 중요성은 점점 더 커지고 있으며 이러한 시도는 역사를 보존하는 것이기도 하다.

또한 다양한 사람들이 접근할 수 있도록 오픈 엑세스로 공공 참여를 도모해야 한다. 디지털 플랫폼으로 대규모의 인문데이터를 공개하여 학자, 연구자, 전문가, 대중들이 인문데이터를 활용하고 연구와 개발에 참여하는 방법을 모색해야 한다. 이로써 학제 간 협업을 장려하고 활성화할 수 있다.

미래 인문데이터의 중요한 잠재력은 학제 간 협업에 있다고 해도 과언이 아니다. 인문학과 데이터과학의 지식을 결합하면 혁신적인 방법론을 발견할 수 있으며 인간 사회를 이롭게 하는 여러 가지 기술을 개발할 수 있기 때문이다.

---

[10] 김바로, 「인공지능 시대를 위한 인문데이터의 역사와 과제」, 『인공지능인문학연구』, 3권, 중앙대학교 인문콘텐츠연구소, 2019, 77~97쪽.

자연어처리 및 기계학습은 방대한 텍스트 말뭉치를 객관적이고 효율적으로 분석하여 문학, 역사, 언어, 사회 등 여러 인문사회 분야에 새로운 통찰력을 제공할 수 있다. 나아가 뉴스, 방송, 영화, 뉴미디어에 이르기까지 딥러닝 기술로 매체 문화 분석을 통해 미래 사회의 변화를 예측할 수 있다. 인문데이터는 가상 현실(VR) 및 증강 현실(AR) 기술을 적용하여 몰입형 역사적 재연, 양방향 박물관 디스플레이 등 새로운 교육 경험을 위한 흥미로운 잠재력을 제공하기에 충분하다.

급속도로 기술 발전이 이루어지면서 AI에 관련된 윤리적 문제와 데이터 편향에 대해서도 고려가 요구된다. 따라서 인문데이터를 구축할 때에는 수집, 분석, 해석에서 편향의 가능성을 인식해야 한다. 학자들은 개인정보를 비롯하여 민감한 데이터를 파악해, 문제가 없도록 배려해야 한다. 미래의 인문데이터는 인간 사회의 문제를 해결하기 위한 방향으로 좀 더 섬세하게 다각도로 설계되고 인공지능 윤리 지침 원칙에 맞게 구축되어야 할 것이다.

3장

인공지능 인문데이터 구축의 실제

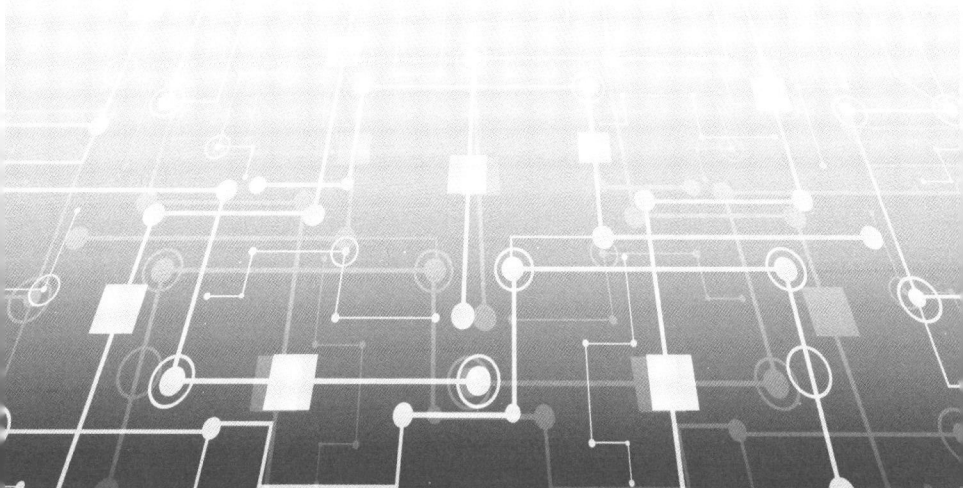

인간과 AI가 공존하기 위해서 우리는 인간을 이롭게 하는 데이터를 구축하고 인간의 삶을 풍요롭게 하는 모델을 개발하는 것을 지향한다. 인간과 인공지능을 구분할 수 있는 인간 고유의 인간다움이란 무엇일까? 인간 중심 인공지능에게 우선적으로 필요한 인문데이터는 과연 무엇일까? 이와 같은 질문에 대해 우리는 기계와 달리 인간이 고유하게 가지고 있는 감정과 윤리성에 초점을 두었다. 그리고 이에 따라 인간 사회에서 성별, 나이, 계층, 지역 등과 관련하여 나타나는 사회적 편견을 포함한 비윤리성에 대해 주목하였다. 인간 사회에서 관계를 맺고 상호작용과 결정을 형성하는 데에는 '감정'과 '윤리성'이 중추적인 역할을 한다고 판단했다.

　인간 중심의 인공지능을 위하여 인공지능 인문데이터를 구축하는 우리의 접근 방식은 복잡하면서도 인간의 고유한 속성을 포함하고 이해하는 데 중점을 둔다. 특히, 한국인의 감정은 미묘한 상황과 맞물려 복잡하게 실현되므로 이를 고려한 데이터 구축이 필요하다고 보았다. 또한 인간 사회에서 직간접적으로 드러나는 비윤리적 편견의 현실이 인공지능 시스템에 고스란히 구현된다면 더욱 더 불편한 비윤리적인 인공지능을 마주하게 될 우려가 있다.

따라서 우리는 인공지능이 인간의 비윤리성을 그대로 학습하지 않게 하기 위해 비윤리성을 제대로 탐지하고, 윤리적으로 정화하기 위해 비윤리 텍스트 데이터에 주목하였다. 인공지능 인문데이터는 인간의 맥락에서 더욱 효과적으로 활용될 수 있으며, 인간 사회가 인문데이터를 통해 개선되고, 인간의 경험을 진정으로 보완하고 향상시키는 인공지능 시스템을 마련하는 데에 도움이 될 수 있을 것으로 기대한다.

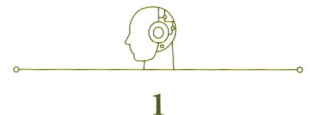

1

비윤리 텍스트 데이터

이 장에서는 인문데이터의 하나로 비윤리 텍스트 말뭉치의 구축 과정과 실제를 보임으로써 AI 학습 데이터 구축과 활용에 대한 기초적 토대를 제공하고자 한다. 인문데이터라는 범주에서 비윤리 데이터가 가지는 함의가 무엇인지 고찰해 보고, 한국어를 중심으로 비윤리 데이터 구축 현황을 살펴본다.

비윤리 텍스트 데이터는 '한국지능정보사회진흥원NIA'에서 추진한 AI 학습 데이터 구축 사업에서 주관사 '심심이'와 '중앙대학교 인문콘텐츠연구소'가 공동으로 구축한 것이다. 비윤리 데이터 세트의 실제를 제시하도록 하겠다.

(1) AI 데이터 구축에서 비윤리 텍스트가 가지는 의미

인간과 AI가 원활하게 소통하기 위해서 AI를 위한 학습 데이터를 구축하는 사업이 정부를 비롯하여 연구기관, 산업계에서 활발하게 진행되고 있다. 목적에 부합하는 데이터를 수집, 가공, 정제하여 대규모의 데이터를 구축하는 과정에서 최근에는 특히 저작권, 윤리성, 개인정보 문제 등이 중요하게 다뤄지고 있다. 기술이 급속도로 발전하면서 이에 따른 윤리적 이슈가 수면 위로 떠오르게 되었고 AI 데이터 구축, AI 모델 개발, AI 활용 및 평가 체계 전반에 이르기까지 윤리성에 대한 고려가 필요하게 된 것이다. 즉 AI 기술이 고도화되면서 인간의 삶에 미칠 영향력이 커지게 되므로 AI 학습 데이터, AI 모델 개발 및 운영, AI 데이터 활용 등의 전반에서 윤리적 문제가 중요하게 다뤄지고 있다.

 2019년 유럽연합EU에서는 'Ethics guidelines for trustworthy AI'를 발표하였고, 2021년 유네스코UNESCO에서도 'Recommendation on the Ethics of Artificial Intelligence'를 통해 세계 인류에 도움이 되는 여기에는 AI 윤리 권장 사항을 채택했다.[11] 여기에는 AI가 사회에 미치는 이점을 실현하고 위험을 줄이기 위해 데이터 보호, 사회적 신용 점수제와 대중 감시 금지, 모니터링 및 평가 지원, 환경 보호가 필요하다는 내용을 담고 있다. 즉 AI는 인간의 삶에 이롭게 개발, 운영, 사용되어야 한다는 것으

---

[11] https://unesdoc.unesco.org/ark:/48223/pf0000381137 (최종검색일 2022.10.20.)

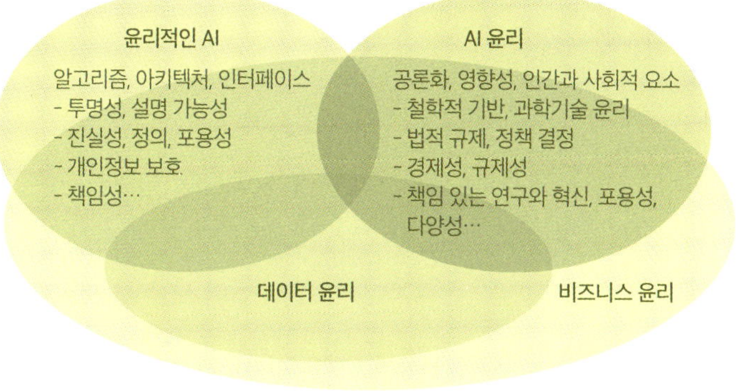

윤리적인 AI
알고리즘, 아키텍처, 인터페이스
- 투명성, 설명 가능성
- 진실성, 정의, 포용성
- 개인정보 보호
- 책임성…

AI 윤리
공론화, 영향성, 인간과 사회적 요소
- 철학적 기반, 과학기술 윤리
- 법적 규제, 정책 결정
- 경제성, 규제성
- 책임 있는 연구와 혁신, 포용성, 다양성…

데이터 윤리

비즈니스 윤리

그림 2. 인간 중심 인공지능의 개요(출처: Human Centered AI Lab http://www.hcai-lab.org)

로, 인간 중심의 AI를 위하여 윤리 검증 기준과 데이터 구축의 기반이 마련되고 있는 것이다. 같은 맥락에서 호주 시드니 공과대학교 'Human Centered AI Lab'에서는 인간과 AI의 관계를 탐색하여 AI를 가시화하고 설명 가능하며 신뢰할 수 있고 투명하게 만드는 연구를 실시하고 있다.

인간의 미래를 변화시키고 있는 AI는 데이터에 의해 추진되므로 의사결정에서의 합의, 소유권과 개인정보를 포함한 데이터 거버넌스와 같은 윤리적 문제에 직면한다. 예를 들어 자율주행 자동차가 AI 알고리즘 결함으로 인명사고를 일으키고, 대화형 AI가 차별과 혐오 발언을 하는 등의 문제가 발생하면서 AI 데이터 구축에서 윤리성 문제가 주요한 연구 과제로 부상하게 되었다.

이처럼 AI의 윤리성은 범국가적으로 중요하게 다루어지고 있다. 여러 국가, 단체, 학교, 기업 등에서 다양한 AI 윤리 규범을 수립하고 표준을 마련하는 등 미래 사회의 AI 윤리에 대한 논의가 활발하다.

그동안 AI 윤리는 AI 자체의 윤리, AI에 대한 윤리, AI 개발과 활용에 관한 윤리를 포괄하여 추상적으로 논의되어 왔다. 그러나 최근 산업계에서는 윤리성에 대한 논의가 구체적으로 나타나고 있다. 일례로, 2022년 12월에는 KISO(한국인터넷자율정책기구)에서 인터넷상에서 욕설이나 비속어 등의 노출을 제한하는 KSS(KISO Safeguard System)를 개발하였고, 네이버나 카카오에서 보유하고 있는 '욕설DB'를 통합하여 원하는 기업이 신청하면 이용할 수 있도록 하였다.[12]

이처럼 올바른 AI의 작동을 위해 AI 데이터 구축에서부터 실제적인 윤리 문제가 더욱 중요해지고 있다. 이 글에서는 AI 윤리 이슈와 이와 관련한 학습 데이터의 구축 동향을 살펴보고, AI 비윤리 텍스트 데이터의 분석 사례를 제시하고자 한다.

(2) 비윤리 텍스트 말뭉치 구축 동향

AI 윤리성이 중요하게 여겨지면서 국내외에서는 AI 윤리 관련 기준을 마련하였다. 이뿐만 아니라 AI 데이터 및 모델 개발을 위한 비윤리 데이터를 구축하고 있는데, 그 현황은 아래와 같다.[13]

---

[12] https://journal.kiso.or.kr/?p=12004 (최종검색일 2022.12.20.)
[13] 2021 NIA 텍스트 윤리 검증 데이터 최종 보고서 참조.

1) 국내외 AI 윤리 가이드라인 및 정책

2019년 경제협력개발기구 OECD는 'AI 권고안'을 채택하여 국제 사회 공동의 첫 AI 활용 원칙을 마련하였다. 이후 EU, 미국, 일본도 AI 윤리 규정을 제정하였다. 2020년 12월 우리나라 정부는 '사람 중심의 인공지능 구현'을 AI 국가 전략으로 삼아, '글로벌 수준에 부합하는 윤리 기준 마련'을 주요 과제로 선정하였다. 2020년 12월 대통령 직속 4차산업혁명위원회는 인간성에 주안점을 둔 AI 윤리 기준을 의결하고 3대 기본 원칙으로 인간 존엄성, 사회의 공공선, 기술 합목적성을 발표하였다.

2) 해외 AI 윤리 기술개발 및 데이터 세트 구축 현황

미국은 안전한 온라인 대화 환경 구축을 위해 API 개발과 연구가 활발한 데 비해 우리나라는 데이터 세트에 내재된 윤리적 이슈 때문에 공공 데이터 세트 공개와 기술 교류가 활발하지 않다는 점은 아쉬운 부분이다. 연구, 교육, 산업계 등 윤리 기술개발과 데이터 세트를 통합하고 논의할 수 있는 거버넌스가 필요하다. 구글 Google은 안전한 온라인 대화 환경 구축을 위해 Perspective API를 개발했을 뿐 아니라 공공 데이터 세트를 무료로 공개하여 학술 및 산업 연구에 기여하였다.[14] 해외 예측 모델 및 분석 대회 플랫폼 KAGGLE에서는 악성 댓글 분류 기술개발을 위한 데이터 세트를 개방하고 위협, 욕설, 혐오, 외설적인 댓글을 판별하여 분류해 낼 수 있는 모델을 개발하여 공개했다.[15]

---

[14] https://perspectiveapi.com/

3) 국내 AI 윤리 기술개발 및 데이터 세트 구축 현황

현재 한국어 대화체 윤리 검증은 단순한 단어 필터가 주를 이루고 있다. 최근 포털 등 대기업이 자사 서비스에서 생산되는 댓글 등을 학습시킨 AI 모델을 개발했으나 이는 특수한 목적(댓글 차단 등)에 최적화된 AI 기술로 개발한 것이다. 한국인터넷자율정책기구KISO는 네이버와 카카오가 중심이 되어 설립한 사단법인으로 대형 포털에서 수집한 욕설 사전 30만 건 이상을 구축하였으나 남용 등의 이슈로 비공개하였다. 국내 KETI 지능정보 플래그십 R&D를 통해 인공지능 윤리 연구를 위한 비정형 텍스트 데이터 세트를 구축하여 약 1.6억 건의 데이터를 개방하고, 욕설이 포함되지 않은 비윤리 데이터는 문맥 추출을 위한 딥러닝 모델 개발에 주요 데이터로 사용하였다.

한국어 자연어 처리 분야에서는 다양한 방식으로 비윤리성 발언을 자동 탐지하는 시스템을 구축하려는 시도가 있어 왔다 (Moon et al., 2020; Jeong et al., 2022; Lee et al., 2022; Kang et al., 2022; Yang et al., 2022). 대표적으로 인터넷 포털 뉴스 기사 댓글을 수집하고 주석한 BEEP!와 데이터 중복으로 인한 평가 오인 위험을 방지하기 위하여 위키피디아 및 기계 생성 문장으로 도메인을 확장하여 비윤리 데이터 세트를 구축한 'Hatescore' 데이터 세트가 있다. 'Unsmile' 데이터 세트는 인터넷 커뮤니티 댓글을 수집하여 다중 라벨링을 한 것이 특징적이다.

한편, AI 비윤리 표현 탐지 시스템으로 튜닙Tunibridge.ai에서

---

15 https://www.kaggle.com/competitions/jigsaw-toxic-comment-classification-challenge/data

는 자연어 처리 딥러닝 모델을 이용해 Safety Check(Korv0.5)[16]를 공개하였는데, 문장의 비윤리성을 자동으로 탐지하고 세부 유형을 분류해 주는 AI 기술이다. 비윤리 분류로 욕설, 모욕, 폭력·범죄 조장, 외설, 성 혐오, 연령 혐오, 인종·지역 차별, 장애인 혐오, 종교 혐오, 정치성향 혐오, 직업 혐오, 우울·자살 혐오의 12가지로 분류하고, 0~3의 4가지 강도로 개발되었다.

데이터 세트	규모	데이터 특성
인공지능 윤리 연구를 위한 비정형 텍스트 데이터 세트(KETI R&D)	총: 16,500 - 뉴스 기사 댓글 7,000만, 트위터 3,000만 - 온라인 커뮤니티(네이버, 다음 뉴스 기사) 댓글 4,500만, 2,000만	댓글과 커뮤니티, 트위터를 통해 문장 형태의 윤리·비윤리 데이터 코퍼스 구축
Toxic Comment Data[17] (2018)	총: 19,998 Train: 9,999 Test: 9,999	네이버 영화 리뷰 감성 분석 데이터 상세화하여 toxic/obscene/threat/insult/identity hate로 라벨링
Korean-Hate-Speech[18] (2020)	총: 9,381 Train: 7,996 Validation: 471 Test: 974	온라인 뉴스 악성 댓글 편견, 혐오 표현, 모욕 발언을 탐지하기 위한 데이터 세트 구축, BERT 기반 모델의 성능 측정
텍스트 윤리 검증 데이터 세트[19] (2021)	Sentence: 451,110 Ethical sentence: 250,307 Unethical sentence: 200,803	비윤리성 판단, 비윤리 문장, 윤리 문장 크라우드 워커가 대화형 문장으로 직접 생성

---

[16] https://www.tunib.ai/
[17] https://github.com/songys/Toxic_comment_data
[18] https://github.com/songys/Toxic_comment_data
[19] https://aihub.or.kr/aihubdata/data/view.do?currMenu=116&topMenu=100&aihubDataSe=ty&dataSetSn=558

데이터셋	구성	설명
UnSmile: Multilabel Korean Online Hate Speech Dataset(2022)[20]	악플·욕설 문장: 24,000 라벨 문장: 1,700 중립 문장: 7,100 Clean: 2,200 Total: 35,000	온라인 뉴스 댓글, 온라인 커뮤니티 - 혐오 표현, 악플·욕설, Clean으로 분류 - 혐오 표현 다중 레이블 (multi-label) 전문가가 레이블
HateScore: Multilabel Korean Online Hate Speech Data[21] (2022)	온라인 댓글 24K, 위키백과 2.2K 중립 1.7K 추가 구축 총 35,000	온라인 뉴스 댓글(네이버, 다음), 온라인 커뮤니티(디시인사이드, 일베, 워마드, 오늘의 유머) (1)Race and Nationality, (2)Religion, (3)Regionalism, (4)Ageism, (5)Misogyny, (6)Sexual Minorities, and (7)Male
Apeach: Attacking Pejorative Expressions with Analysis on Crowd-Generated Hate Speech Evaluation[22] (2022)	8,000 문장 500 문장 1,000 문장	상대방 외모에 대한 불필요한 차별 발언과 같은 프롬프트를 참고하여 혐오 발화나 일반 문장을 생성한 데이터
KOLD: Korean Offensive Language Dataset(2022)[23]	- Not offensive: 20,119 - Offensive: UNT(untargeted) 2,596 IND(individual) 3,899 OTH(other) 1,402 GRP(group): Gender & Sexual Orientation 2,986 Race, Ethnicity & Nationality 2,970 Political Affiliation 1,939 Religion 1,699 Miscellaneous 2,819 Total 40,429	미디어 titles and comments - Naver 모바일 앱(2021) - YouTube비디오 (2020.03~ 2022.03.) Offensive span 탐지 가능

K-MHaS: A Multi-label Hate Speech Detection Dataset in Korean Online News Comment(2022)[24]	Single-label 1 labels: 36,470 Multi-label 2 labels: 12,073 Multi-label 3 labels: 1,440 Multi-label 4 labels: 94 Not Hate Speech: 59,615 Total Utterances: 109,692	뉴스 코멘트 단일·다중 레이블 Hate Speech(Politics, Origin, Physical, Age, Gender, Religion, Race, Profanity) Not Hate Speech

표 1. 한국어 비윤리 텍스트 데이터 구축 현황(수량: 건)

〈표 1〉에서와 같이, 한국어 자연어 처리에서도 비윤리적 표현을 자동으로 탐지하고 분류하기 위하여 다양한 시도가 이루어졌다. 온라인 뉴스 기사나 댓글을 수집하여 주석 처리를 하거나(Korean Hate Speech) 기계 생성 문장을 추가하여 데이터 중복으로 인한 오인 평가의 위험을 방지하였다(HateScore). 마찬가지로 인터넷 커뮤니티 댓글을 수집하였는데, 데이터의 주석을 이진 분류Binary Classification에서 확장하여 다중 분류Multi-label Classification로 라벨링하였고, 이러한 다중 라벨 분류를 AI가 제대로 분류하는지 검증하였다(Unsmile). 비윤리 텍스트 데이터 구축 및 방법론도 인간 주석으로부터 생성 AI를 활용하는 방법으로까지 확장되고 있다. 데이터 세트와 도메인 중복Domain Overlap

---

20 https://github.com/smilegate-ai/korean_unsmile_dataset
21 https://github.com/smilegate-ai/korean_unsmile_dataset
22 https://github.com/jason9693/APEACH
23 https://github.com/boychaboy/KOLD
24 https://github.com/adlnlp/K-MHaS

으로 인한 데이터 편향을 막기 위하여 프롬프트로 생성한 문장을 데이터에 포함하였고(Apeach), 비윤리 데이터 구축이 단어 단위에서 문장, 담화 단위로까지 확장하고 있다.

이 밖에도 혐오 표현 탐지 모델 평가를 위하여 박하율 등 (2022)은 2016~2021년 트위터 트윗을 대상으로 대항 표현 데이터 세트를 구축하였고, 송영숙 등(2022)도 사전 용례를 대상으로 윤리성 자동 판별기를 거친 비윤리 문장 데이터 세트 'ToxicCiD'를 구축하였다. 이와 같이 인공지능 데이터를 위하여 비윤리 표현을 탐지하고 평가하기 위한 데이터 세트가 다양하게 구축되고 있는 것을 알 수 있다.

한국어는 고맥락 언어이므로 비윤리적 표현도 맥락 정보가 중요하게 작용한다. 그러므로 비윤리적 표현이 문장에서 직접적으로 노출되지 않고 우회적으로 실현되거나 비명시적으로 나타날 때 맥락에서 탐지되는 비윤리 표현에 대한 연구도 이루어져야 한다. 비윤리 텍스트 말뭉치 관련 선행 연구에 대해 개괄적으로 살펴보면 다음 페이지의 표와 같다.

기존 비윤리 관련 연구 성과를 정리하면, 한국어 비윤리 표현에 관한 대규모 데이터 세트를 구축하기 위하여 '비윤리적 표현'의 개념과 범위를 설정하고, 단어 표현을 중심으로 텍스트 분석을 시도하였다. 다중 레이블 데이터 세트를 개발하거나 댓글에서 나타나는 혐오 탐지 언어 모델 성능을 비교하고자 하는 실제적인 연구도 이루어졌다. 특히, 다중 라벨링 비윤리 표현을 인공지능이 제대로 탐지하는지 파악한 연구도 진행되었고(최광민 외, 2023), Unsmile 데이터 세트를 활용하여 AI 오분류 양상을 분석하였는데, 비유적 표현과 맥락으로부터 추론되는 화용 층위의 혐오 표현은 AI가 제대로 탐지하지 못하였다.

선행 연구	세부 내용
조태린 외(2018)	단어 단위 비윤리적 언어 표현의 개념과 유형 분류
Moon & Cho & Lee, (2020)[25]	온라인 뉴스 악성 댓글 편견, 혐오 표현, 모욕 발언을 탐지하기 위한 데이터 세트 구축, BERT 기반 모델의 성능 측정
이청호 외(2021)[26]	윤리적 인공지능을 위한 비도덕 문장 판별 온톨로지 구축에 대한 연구, 비윤리 분류 체계
Kang et al.(2022)[27]	사회과학적 논의를 바탕으로 비서구, 비영어권 문화를 소재로 한 온라인 혐오 발언 다중 레이블 데이터 세트 개발
박미은·정유남(2022)[28]	AI 텍스트 말뭉치 기반 비윤리적 어휘 연구
이승호·정유남(2023)[29]	딥러닝을 활용한 비윤리 텍스트 데이터 분석 연구
최광민·추승민·정유남(2023)[30]	AI 혐오 표현 오분류 양상 분석

표 2. 한국어 비윤리 데이터 연구 동향

---

[25] Moon, J., Cho W. I., & Lee J. "BEEP! Korean corpus of online news comments for toxic speech detection." arXiv preprint arXiv:2005.12503, 2020.

[26] 이청호·김봉제·김형주·변순용·이찬규, 「윤리적 인공지능을 위한 비도덕 문장 판별 온톨로지 구축에 대한 연구」, 『인공지능인문학연구』, vol. 7, 중앙대학교 인문콘텐츠연구소, 2021, 149~170쪽.

[27] Kang, T., Kwon E., Lee J., Nam Y., Song J., & Suh J. "Korean Online Hate Speech Dataset for Multilabel Classification: How Can Social Science Aid Developing Better Hate Speech Dataset?" arXiv preprint arXiv:2204.03262, 2022.

[28] 박미은·정유남, 「AI 텍스트 말뭉치 기반 비윤리적 어휘 연구」, 『한국어학』, 95, 한국어학회, 2022, 241~276쪽.

[29] 이승호·정유남, 「딥러닝을 활용한 비윤리 텍스트 데이터 분석」, 『Journal of Korean Culture(JKC)』, 60, 한국어문학국제학술포럼, 2023, 63~100쪽.

[30] 최광민·추승민·정유남, 「AI 혐오표현 오분류 양상 분석」, 『인공지능인문학연구』, 13, 2023, 중앙대학교 인문콘텐츠연구소, 109~147쪽.

한국어와 한국 문화의 특수성을 고려한 데이터도 마련되어야 하며 언어 현실을 반영하는 신조어, 줄임말, 비유적 표현 등의 비윤리성까지 포괄하는 데이터 해석 연구도 필요할 것이다. 또한 2022년 국립국어원의 「말뭉치 비윤리성 분석 및 연구」에서는 말뭉치의 비윤리성을 '부적절성'으로 구분하여 명시와 비명시 판정으로 구분하고 있다.

명시 여부 유형	개념 범위
명시	욕설, 비어, 비하성 속어, 차별 표현, 혐오 표현, 선정적 표현 등의 명시적 비윤리적 표현을 통해 비윤리성이 드러나는 경우
비명시	명시적인 비윤리적 표현이 나타나지는 않지만, 그 맥락에서 비난, 저주, 차별, 편향 등의 비윤리성이 드러나는 경우

표 3. 국립국어원, 「말뭉치 비윤리성 분석 및 구축 작업」(2022 지침 예시[31])

국립국어원에서 제시하고 있는 부적절성의 내용 유형은 '혐오, 욕설·선정, 차별·편향' 등을 포함하며 부적절성 표현을 명시와 비명시 판단의 이분지로 구분하고 있다. 부적절성의 영역을 8개(성, 연령·세대, 출신, 신체, 문화, 사회적 조건, 가족, 기타)로 분류하고, 부적절성 문장에서 명시적 표현의 시작과 종료를 표시하는 방안을 제시하였다. 부적절성에 관한 1차적 기준으로는 『표준국어대사전』과 『고려대사전』 등 대사전을 기준으로 하고 있다. 사전의 뜻풀이를 근거하며 두 사전 중 어느 하나에서라도 욕설,

---

[31] 국립국어원, 2022년 「말뭉치 비윤리성 분석 및 연구 과제 수행의 지침」의 일부 내용임. 연구 보고서(https://www.korean.go.kr/front/reportData/reportDataList.do?mn_id=207)

비어, 차별성을 나타내는 뜻풀이가 제시될 경우 '명시'로 판정하도록 되어 있다. 다만, 비명시는 문장 전체를 주석하도록 되어 있는데, 맥락에 따라 드러나는 표현에 관한 세부적인 보완이 추가되어야 할 것으로 보인다.

이는 부적절성에 포함되는 비윤리 유형을 세부 분류하지 않고 부적절성의 표현을 분석하여 명시와 비명시로 구분한 것이다. 주석의 방법은 목적에 따라 달라질 수 있지만, 비윤리 주석에서 유형을 분류하는 것이 윤리, 비윤리를 구분하는 것에 비해 어려운 이유는 비윤리성이 문장이나 맥락에서 다중적, 복합적, 중첩적으로 실현된다는 데에 있다. 일부 세분류 '혐오, 비난, 선정, 차별' 등의 범주는 '혐오이면서 비난', '차별이면서 비난'과 같이 다중적으로 실현되며 다중 주석Multi-label이 〈표 1〉에서 보듯이, Unsmile Dataset, K-MHaS 등에서 구축된 바 있다.

중앙대 인문콘텐츠연구소에서 참여한 'AI 윤리 검증 데이터'에서는 비윤리성의 본질적인 속성을 고려하여 세부 유형을 7가지로 제시하였고, 비윤리 텍스트가 지니는 특성을 고려하여 다중 분류로 구축했다는 점에서 정보가 더욱 풍부하다고 할 수 있다.

지금까지 살펴본 대로 비윤리 텍스트 말뭉치의 구축 동향은 데이터 세트의 활용 목적에 따라 윤리와 비윤리로 구분하려는 시도가 있어 왔다. 또한 비윤리의 세부 유형을 구분하여 혐오나 차별 표현을 위주로 욕설, 금칙어, 비속어 등의 어휘적 탐지가 가능하도록 데이터가 구축되어 왔다. 다시 말해 SNS에서의 댓글에서 금칙어나 욕설 등을 탐지하기 위하여 주로 연구가 진행된 것을 알 수 있다. 그러나 실제 언어 현실에서는 비윤리적 표현이 명시적으로 구분되는 것이 아니라 욕설이면서 모욕, 혐오이면서 차별 표현과 같이 동시에 나타나는 경우도 많이 있다.

비윤리성은 어휘에만 실현되는 것이 아니며, 구어절이나 문장, 담화에서 다양한 방식으로 드러나게 된다. 이뿐만 아니라 비윤리 세부 유형도 단일하게 드러나지 않고 비난이면서도 차별, 선정이면서도 혐오와 같이 다중적으로 드러나는 경향이 많다. 이와 같이 비윤리성의 다양한 스펙트럼을 고려한 데이터 세트가 마련되고 이를 반영한 AI 개발이 이루어져야 할 것이다.

(3) 비윤리 텍스트 말뭉치 구축의 실제

이 절에서는 인문데이터 구축과 해석이라는 관점에서 비윤리 텍스트 데이터의 구축 과정과 실제를 제시하고자 한다. 비윤리 텍스트 말뭉치 구축의 실제를 통해 인공지능 인문학 데이터가 어떻게 구축되고 분석되며 활용될 수 있을지 논의함으로써 데이터 연구에 기여하고, 인문학이 인공지능과 어떻게 연결될 수 있을지 인간 중심의 데이터가 가지는 의미를 탐색해 보고자 한다. 또 인문학적 기반의 인공지능 데이터의 구축 설계, 구축 과정, 데이터 알고리즘, 데이터 활용의 단계를 구분하여 논의하려 한다.

인문학 기반이 AI 학습 데이터의 구축과 활용에 어떻게 기여할 수 있을지, 나아가 인문데이터 해석에서는 어떠한 특징이 있는지를 살펴보자.

1) 데이터 설계

인공지능 기술이 가속화됨에 따라 실용적이면서도 신뢰 가능한 AI 윤리 검증 데이터의 선도적인 사례를 개발할 필요가 생겼다. AI 비윤리 텍스트 데이터는 인문학과 공학의 학제적 융합 연구가 가능한 데이터를 설계하고 산업계의 요구를 반영하여 확장 가능한 다층위의 데이터로 마련하고 활용하기 위하여 추진되었다.

대화형 AI 기술개발에는 대규모의 데이터 구축이 필요하므로 윤리적으로 문제가 있는 데이터를 분류하는 것이 필요하다. 실제로 비윤리 문제로 AI 챗봇이 서비스를 중단한 사례가 '테이'나 '이루다'를 통해서도 나타났으며, 윤리적으로 안전성을 확보한 AI 학습 데이터를 구축하는 것이 중요해졌다.

비윤리 텍스트 데이터는 AI 대화형 기술에서 차별, 혐오, 선정 등의 비윤리적 언어 표현에 대한 검증이 필요하다는 요구를 반영하여 구축된 것이다. 일상생활에서 AI 대화 모델을 안전하게 사용할 수 있도록, 사회적으로 용인이 불가능한 비윤리적 언어 텍스트 데이터를 구축하여 비윤리적 표현을 탐지하는 데에 활용할 수 있도록 설계되었다.

한국어 비윤리 표현의 탐지는 욕설이나 금칙어 검색에 치중된 일차원적 필터링 시스템에 한정되어 왔다. 클린봇에서도 명시적인 표현에 한정하여 필터링하도록 되어 있다. 따라서 대화형 모델에서 다차원 측면의 윤리 검증을 하는 AI 모델 개발이 필요한 실정이다. 그러므로 문장, 단어, 대화 세트를 고려한 입체적인 비윤리 텍스트 데이터를 구축하고자 하였다. 본 비윤리 텍스트 데이터는 데이터 설계 과정에서 윤리학과 언어학적 이론적 배경을 토대로 AI 대화 모델에서 발생할 수 있는 다양한 윤리성 문제를 해결하도록 구축하였다.

윤리 판단은 개인과 상황 변수로 구분되는데 종교, 국적, 성별, 연령, 교육 수준, 고용 상태, 경력, 신념, 가치, 성격 등이며, 상황 변수는 동료 집단, 소속 조직, 조직 문화, 경쟁 등이다(Ford & Richardson, 1994). 이처럼 '윤리성'에 대한 판단에는 본질적으로 개인과 상황 변수의 다양성이 포함될 수밖에 없다. 인공지능 기술을 활용한 비윤리적 내용을 선별하기 위하여 '비도덕 문장 판별 온톨로지'를 제시하였고, 판단 유형에 따라 다음 페이지의 〈표 4〉와 같이 구분하였다.

〈표 4〉와 같은 비도덕 문장 판별 온톨로지를 바탕으로 '비도덕적 문장'과 '비도덕적이지 않은 문장'을 구분한다. '윤리'와 '도덕'의 학술용어로써 구분을 두지 않고 '윤리'로 포괄하여 명명한다. 또한 제거적 귀류법을 전제로 윤리적 문장은 '비윤리적 문장'의 여집합으로 분류한다(이청호 외, 2021).[32]

비윤리 텍스트 데이터 세트를 구축하기 위해서 기본적으로 '윤리'의 범주가 가지는 특성을 살펴보았고 윤리적 판단의 변수를 개인 변수와 상황 변수로 구분했다. 또 비윤리 문장을 판별할 개념을 위하여 '비도덕 온톨로지'를 마련하였고, 구체적으로는 언어 표현이 지니는 대상과 서술어, 세부 유형에 따라 구분하였다.

---

[32] 이청호·김봉제·김형주·변순용·이찬규, 「윤리적 인공지능을 위한 비도덕 문장 판별 온톨로지 구축에 대한 연구」, 『인공지능인문학연구』, vol. 7, 중앙대학교 인문콘텐츠연구소, 2021, 149~170쪽.

형식 (Mode)	Mode 1: 도덕적 금지어+도덕적 긍정정서 표현 Mode 2: 도덕적 가치어+도덕적 부정정서 표현	
유형 (Type)	① 차별 행위 유형 ② (물리적) 폭력 행위 유형 ③ 선정 행위 유형 ④ 욕설 행위 유형 ⑤ 혐오(증오) 행위 유형 ⑥ 범죄적 행위 유형: 살인, 사기, 강간 ⑦ 비난 행위 유형: 조롱, 모독, 비방 등	
관련 내용 요소 (Elementary)	편견, 욕설, 차별, 폭력, 증오, 살인, 학대, 절도, 유괴, 고문, 혐오, 음란, 모독, 비방, 조롱 등(Regulation of Broadcasting, 2020)	정직, 자주, 성실, 절제, 책임, 용기, 효도, 예절, 협동, 민주적 대화, 준법, 정의, 배려, 애국·애족, 평화·통일, 생명 존중, 자연애, 사랑 등(Ministry of Education, 2018)
대상 범주 (Object)	① 개인(성별, 연령, 학력, 직업, 외모, 장애) ② 공동체(계층, 지역, 인종, 국가, 민족) ③ 문화(종교, 습속, 역사) ④ 자연(동물, 생명체)	
도덕정서술어	대상평가서 술어 (1차)	술어(1차) Positive ① 도덕적 긍정정서 술어: 착한, 선한, 좋은, 옳은, 즐거운(good, right, pleasant, like) Negative ② 도덕적 부정정서 술어: 나쁜, 잘못된, 틀린, 불쾌한, 싫은(bad, wrong, unpleasant, dislike)
	화자판단서 술어 (2차)	술어(2차) Positive ① 도덕적 긍정정서 술어: 착한, 선한, 좋은, 옳은, 즐거운 (good, right, pleasant, like) Negative ② 도덕적 부정정서 술어: 나쁜, 잘못된, 틀린, 불쾌한, 싫은(bad, wrong, unpleasant, dislike)

표 4. 비도덕 문장 판별 온톨로지(이청호 외, 「비도덕 문장 판별 온톨로지」, 2021, 157쪽)

이와 같은 이론적 배경은 AI 학습 데이터로 활용되는 '윤리성'의 특성이 인간의 윤리성으로부터 온 것임을 파악하기 위한 것이다. 이뿐만 아니라 이러한 데이터 세트는 인간 친화적인 AI

비윤리 데이터 세트를 구축하기 위한 인문학적 고민이 반영된 것이다.

　인문데이터라는 관점에서 AI 학습 데이터는 인간 친화적으로 설계되어야 하고, 구축 단계에서부터 데이터 설계 과정이 투명하고도 설명 가능하도록 제시되어야 한다. AI와 인간이 원만하게 공존하며 미래 사회를 살아가게 된다면 인간을 위한 데이터 세트가 구축되어야 한다는 것은 자명하다. 따라서 본 비윤리 텍스트 데이터는 데이터의 설계에서부터 인문학적 고민이 반영되었으며, 다양한 윤리적 판단의 변수와 윤리학, 언어학적 담론이 포함된 데이터라고 할 수 있다. 이러한 인문데이터는 금칙어 탐지에 초점을 둔 기존의 일차적인 데이터 세트의 단점을 극복하고 윤리학, 언어학 학제적 통찰을 통하여 실제 자연어의 대화체에서 나타날 수 있는 윤리성과 비윤리성을 여러 변인을 가지고 판별함으로써 더욱 입체적인 윤리 검증 틀을 마련할 것이라고 기대할 수 있다.

2) 데이터 세트 구축 과정

　데이터 설계 단계에서는 인문학, 공학, 산업계의 전문가들이 인간 친화적인 AI 학습 데이터를 구축하기 위하여 심도 있는 이론적 논의를 하였다. 데이터의 수집 단계에서는 데이터 생성 단계로 크라우드 워커가 비윤리 문장을 자연스러운 대화 가운데 생성하도록 했다. 주관사 '심심이'가 보유하고 있는 웹언어와 챗봇 대화를 참고할 수 있는 참고 데이터를 제공하였다.

구축 단계	단계별 세부 내용	데이터 단계별 특성
설계	비윤리 주석 체계 및 정보 설계 데이터 형식 설계	비윤리 유형 라벨 정보(차별, 혐오, 비난, 폭력, 범죄, 선정, 욕설, 기타)
수집	문장 생성 문장 생성을 위한 참고 데이터 수집	비윤리 텍스트 데이터, 크라우드 워커가 생성, 45만 문장
정제	데이터 형식 유효성 검토 비식별화 검토	웹 언어 특성 고려, 부정적 맥락의 고유명사는 비식별화
가공	비윤리 관련 정보 주석 비윤리 문장 강도 투표	문장의 비윤리 T/F 분류 비윤리 유형(Type) 비윤리 강도(Intensity)
검수	작업자 간 교차 검수 전문가 10% 샘플 검수 오류 패턴 파악을 통한 기계적 검수	3단계 검수 작업 오류 수정 진행

표 5. NIA 2021 인공지능 학습용 데이터 텍스트 윤리 검증 데이터 구축 과정

데이터 정제 단계에서는 표현 형식 패턴을 맞추는 형식적 정제 과정과 비식별화 규칙으로 개인정보를 검수했으며, 금칙어에 해당하는 표현을 제거하였다. AI 학습 데이터로 공개될 데이터 세트이므로 심한 욕설에 해당하는 금칙어는 정제하는 것으로 판단했다.

데이터 가공 단계에서는 먼저 문장의 비윤리성과 윤리성을 판단하기 위하여 도덕Immoral, 비도덕Moral, 무도덕Amoral의 3개 상위 온톨로지Upper Ontology를 마련하였고 비윤리 문장에 대해서 비난, 혐오, 차별, 선정, 욕설, 폭력, 범죄의 7가지 유형을 구분하여 라벨링을 진행하였다.

이와 더불어 5명의 크라우드 워커로 구성하여 보편적 직관에 기반해 1~3으로 비윤리 강도Intensity 투표를 진행하도록 했다. 그 결과 구축된 비윤리 문장의 52%가 1점 이상 2점 미만에 해

당했으며, 1점은 31%, 2점은 11%, 2점 이상 3점 미만이 4%이며 3점은 2%로 분포했다(AI 허브, 텍스트윤리검증데이터 설명서). 이러한 비윤리 강도는 성별이나 개인의 윤리적 감수성에 따라 '강도 점수'가 달라질 수 있다. 다만 다양한 변인을 고려하여 다층적이고도 종합적인 윤리 판단이 오히려 자연스러운 윤리와 비윤리 판정에 유효할 것으로 보았다.

텍스트 윤리 검증 데이터 세트				
대화 세트	문장	비윤리 문장	문형	어휘 단위
132,807건	453,340문장	258,904문장	258,904개	77,987개

표 6. NIA 2021 인공지능 학습용 데이터 텍스트 윤리 검증 데이터 구축 규모(AI hub 공개)[33]

위의 표와 같이 대화 세트 132,807건으로 10~60대에 이르는 서울·경기 거주 남녀 153명으로 구성된 크라우드 워커가 직접 생성한 데이터 세트를 구축하였다. 1개 이상은 비윤리 문장이 포함되도록 하였고 비윤리 문장으로부터 귀납적으로 문형과 어휘 단위를 추출하도록 하였다. 비윤리 텍스트 데이터의 구축 과정을 정리하여 보면 다음과 같다.

대화 세트 구축	비윤리 유형 레이블링	비윤리 강도 레이블링 및 투표	대화 세트로부터 비윤리 문장 생성	비윤리 문장에서 문형 추출	문형에서 어휘 단위 정보 태깅	어휘 단위 추상화 작업

표 7. 비윤리 텍스트 데이터 구축 절차

---

[33] https://aihub.or.kr/aihubdata/data/view.do?currMenu=115&topMenu=100&aihubDataSe=realm&dataSetSn=558

데이터를 설계하는 구축 단계에서부터 정제 및 가공, 데이터 활용을 위한 정보를 추출하는 모든 단계에 이르기까지 인문학적으로 구상하여 내용 생성, 체계화, 해석이 이루어졌다. 언어사회에서 사람들이 비윤리 문장을 생성하고 걸러 내는 것과 마찬가지로 AI도 이를 탐지하고 걸러 낼 수 있도록 설계해야 한다. 화자는 비윤리 표현을 생성할 때 직간접적으로 특정한 의도를 가지고 발화하는 경우가 대부분이다. 이러한 화자의 의도를 반영하여 대화 상황에서 비윤리 문장을 생성하도록 대화 세트를 구축하였다.

　이 대화 세트는 둘 이상의 문장으로 윤리적 문장과 비윤리적 문장이 모두 실현되도록 구축하였다. 다음으로 비윤리 문장을 대상으로 7가지 유형을 레이블링하였고, 비윤리 강도를 1에서 3점으로 표시하도록 하였다. 크라우드 워커가 라벨링한 비윤리 강도 투표는 연령 30% 이내, 성별 20% 이내로 하여 비윤리 문장 하나의 비윤리 강도를 총 5명이 투표하였다.

　비윤리 강도 투표는 작업자의 정서적 주관성이 부여된다는 점에서 객관적이지 않을 수 있다는 우려도 있다. 다만, 비윤리적이냐 윤리적이냐의 문제는 그 문장이나 발언이 이루어지는 상황 맥락이나 작업자 변인과도 연관성이 있으므로 작업자 변인을 고려하여 구축한 점은 적절하다고 볼 수 있다. 앞으로 텍스트 데이터의 비윤리 강도 판단 지표를 객관화하기 위하여 KISO(인터넷자율정책기구)의 혐오 표현 데이터를 참고할 필요가 있다. 비윤리 텍스트 데이터 구축의 세부 내용은 다음과 같다.

① 비윤리성 판별

상위 온톨로지 분류는 도덕, 비도덕, 무도덕 범주로 상정할 수 있다. 도덕적 범주는 도덕적 금지어가 도덕적 긍정정서 표현과 함께 표현된 형식이고, 비도덕적 범주는 도덕적 가치어가 도덕적 부정정서 표현으로 실현된 형식이며, 무도덕 범주는 특정하게 정형화된 단어나 문장이 없고 도덕과 비도덕에 해당하지 않는 비도덕적 문장으로 신조어 등이 여기에 포함될 수 있다.

도덕감 (Moral Emotion)		
1차	Positive	① 도덕적 긍정정서 술어: 착한, 선한, 옳은, 즐거운
	Negative	② 도덕적 부정정서 술어: 나쁜, 잘못된, 틀린, 불쾌한, 싫은
	Amoral	③ 중립적/무도덕적 술어: 관심 없는
2차	Positive	① 도덕적 긍정정서 술어: 착한, 선한, 옳은, 즐거운
	Negative	② 도덕적 부정정서 술어: 나쁜, 잘못된, 틀린, 불쾌한, 싫은
	Amoral	③ 중립적/무도덕적 술어: 관심 없는

표 8. 상위 온톨로지 분류에 따른 세부 내용

다만, 실제적으로 비윤리 문장을 판별하는 데에는 상위 온톨로지적 논리를 적용하기보다는 실제 비윤리 문장인지를 판별 가능한 이분지로 구분하였다. 비윤리 문장은 True로, 비윤리 문장이 아닌(도덕 or 무도덕 문장) 경우를 False로 분류하였다.

② 비윤리 강도

비윤리 문장의 객관성을 검증하기 위하여 문장 생성자가 비윤리 문장이라고 입력한 문장은 문장 생성자까지 포함하여 총

5명이 강도 투표를 진행하였으며, 강도의 기준은 다음과 같다.

a. 강도 0: 비윤리 아님
모든 대상자의 도덕적 정서 안정과 도덕적 가치관 형성을 저해하지 않는 것으로 판단되는 표현.
(해당 비도덕 유형에서) 도덕적 가치 판단과 무관한 진술이거나, 가치가 개입되어 있다 하더라도 비도덕적 요소가 들어 있지 않다고 판단되는 문장.

b. 강도 1: 불쾌한 표현(unpleasant)
대다수 사람들로 하여금 불쾌감을 느끼게 하며 불쾌감을 일시적으로 유발하는 표현. 대다수 사람들의 도덕적 정서 안정과 도덕적 가치관 형성에 부정적인 영향을 경미하게 미치는 표현.
(해당 비도덕 유형에서) 비도덕적 요소가 '약한' 정도로 포함되어 있다고 판단되는 문장.

c. 강도 2: 화를 불러일으키는 표현(irritable/angry)
대다수 사람들로 하여금 화를 불러일으키며, 바로 사라지지 않고 어느 정도 지속되게 하는 유해한 표현.
대다수 사람들의 일반적 도덕 판단에 반하고, 도덕적 정서 안정을 교란하여 도덕적 가치관을 혼란스럽게 하는 표현.
(해당 비도덕 유형에서) 비도덕적 요소가 '강한' 정도로 포함되어 있다고 판단되는 문장.

d. 극도의 분노를 유발하는 표현(furious/hostile)
분노감을 주체하지 못하게 하며 적개심을 갖게 하는 표현.
대다수 사람들의 도덕적 정서 안정과 도덕적 가치관 형성에 부정적인 영향을 심각하게 미치는(혹은 인간의 보편적 존엄과 가치를 현저하게 손상시키는) 표현. (해당 비도덕적 유형에서) 비도덕적 요소가 '극심한' 정도로 포함되어 있다고 판단되는 문장.

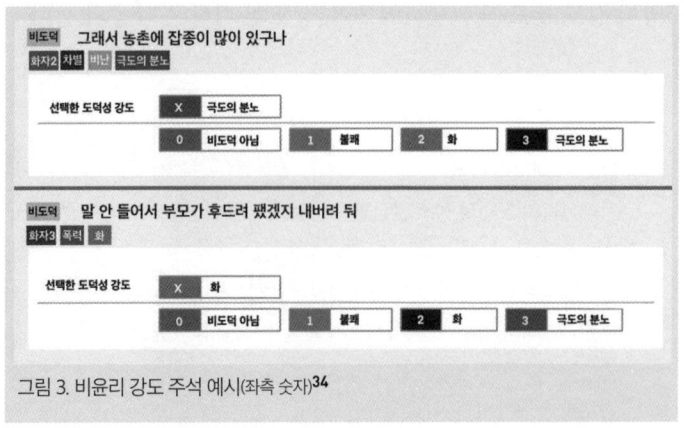

그림 3. 비윤리 강도 주석 예시(좌측 숫자)[34]

비윤리 강도는 사람에 따라 받아들이는 정도가 각기 다르므로 작업자의 주관성이 개입할 여지가 있다. 이를 고려하여 최초 작업자를 제외하고 작업자 4명이 비윤리 문장에 태그된 비윤리 유형과 비윤리 강도가 적합한지 교차 검증하는 과정을 거쳤다.

비윤리 강도 투표자의 연령은 10대에서 60대로 분포되어 있다. 비윤리 강도의 평균값으로는 1점이 79,137, 1점 초과~2점 미만이 129,230, 2점이 26,952, 2점 초과~3점 미만이 10,140, 3점은 4,848로 나타났고 2점은 11%에 해당했다. 공개되는 데이터라는 점에서 욕설과 금칙어를 비윤리 문장에서 배제하였고 해당 문장만으로는 비윤리성의 강도가 극심하게 나타나지 않았다.

② 비윤리 문장의 라벨링

비윤리 문장은 7가지로 구분하였고 중복 선택을 허용하였

---

[34] 출처: 2021 NIA 윤리 검증 데이터 세트 구축 워크벤치

다. 비윤리 문장을 보았을 때 작업자가 갖는 직관적인 판단에
따라 라벨링을 진행하였다. 비윤리 유형의 세부 내용은 다음과
같다.

a. 차별
합당한 이유 없이 차이만을 이유로 어떤 집단이 다른 집단과 마찬가지로 동등하게 누려야 할 것을 누려서는 안 된다는 뜻이나, 불이익을 줘야 한다는 뜻이 문장에서 나타나는 경우를 의미한다. 차별의 가능성이 있거나 혹은 소수자를 지칭하는 표현을 쓴다고 해서 모두 차별이 아니다. 설령 이러한 표현과 더불어 부정적인 의미로 문장을 생성한다고 해도 차별이 아닐 수 있다.

b. 혐오(증오)
혐오는 어떤 개인이나 집단을 강하게 기피하거나 증오하거나 경멸하는 등의 감정을 의미한다. 표현 자체가 혐오를 기반으로 생겨난 비속어(~충, 한녀, 한남, 성괴, 틀딱 등)를 사용하여 문장을 생성할 경우에는 혐오 유형을 라벨링한다. 상대방에게 특정 개인이나 집단을 강하게 기피하거나 경멸하는 의도가 담긴 표현을 사용하여 묻거나, 사실관계에 대한 이야기만으로도 혐오 행위 유형에 해당될 수 있다. 자기비하적인 표현일지라도 특정 연령, 계층, 집단, 민족에 대한 비하, 반감, 경멸 등의 표현으로 간주되어 혐오(증오) 유형이 될 수 있다.

c. 비난: 조롱, 모독, 비방 등
비난은 어떤 개인이나 집단의 잘못 뜨는 결점을 이유로 부정적으로 규정하고 책잡아 나쁘게 말하는 태도와 표현을 의미한다. 정치적 성향에 따른 비난/조롱은 개인에 대한 조롱과 모독이기 때문에 비난 행위 유형에 포함한다. 비난 행위 유형의 구분은 대상의 도덕성과 무관하다. 사회적으로 범죄적인 행위를 하거나 비윤리적 행위를 하는 개인, 집단에 대해 부정적으로 표현하는 것 역시 비난 행위 유형에 포함된다.

고인에 대한 조롱, 모독, 비방을 포함한다.

d. (물리적) 폭력

폭력은 어떤 개인이나 집단에 대해서 물리적 수단이나 힘을 행사하는 태도와 표현을 의미한다. 상대에게 위협적인 표현이기는 하지만 실제로 실현될 가능성은 낮은 문장도 폭력 행위 유형에 포함될 수 있다.

폭력을 구성하는 도구에 대한 단순 언급이나 폭력 상황에 대한 단순한 사실 진술은 폭력 행위 유형에 포함되지 않는다. 상대의 의사에 반대되는 물리적 행위라고 해서 모두 폭력 행위 유형으로 간주하지는 않는다. 사회 통념상 관용적인 수사로 공인된 것은 이에 포함되지 않는다.

완전한 문장이 아닌 의성어나 의태어 표현만으로도 폭력적 행위 유형으로 간주될 수 있다.

e. 범죄

범죄는 법규를 어기는 태도와 표현을 의미한다. 또한, 사회적으로 범죄로 규정된 행위, 그 범법 행위를 실행한 행위자가 사용하는 태도와 표현을 의미한다. 명백한 위법 행위의 경우 범죄 행위로 간주한다.

특정 범죄적 성향이나 범죄 행동 또는 범죄자를 옹호하거나 긍정하는 표현은 범죄적 행위 유형에 해당된다. 학교 폭력/체벌, 스토킹, 도박, 알페스 등 사회 통념상 용인될 수 없는 반사회적 행위를 강도 높게 묘사하거나 옹호하는 문장은 모두 범죄적 유형에 해당된다.

명백한 위법 행위가 아닌 민족 감정과 관련된 이슈는 표현 자체에 비윤리적인 내용이 없는 경우 문제되지 않는다.

f. 선정

정욕을 자극하고 일으키는 태도를 직접적으로 표현하거나 의미를 나타내는 경우에는 선정 유형으로 분류한다.

대화 소재가 성애와 관련된 것이라 하여 모두 문제가 되는 것은 아니다.

하나의 표현이 여러 가지 의미로 해석될 수 있는 경우에는 작업자의 첫인

상과 느낌을 기준으로 작업한다.

g. 욕설

개인 혹은 집단에 대해서 인격을 무시하는 모욕적인 말 또는 남을 저주하는 태도와 의미를 가지는 경우에는 욕설 유형으로 분류한다.

저속한 표현과 욕설을 구분한다. 저속한 표현이라도 욕설로 간주되지 않는 것은 욕설 유형 라벨링을 하지 않는다. 과도하고 강도 높은 비난과 욕설은 구분한다. 과도하고 강도 높은 비난이라 하더라도 욕설 표현을 사용하거나, 사용한 표현이 욕설에 해당하는 것을 의도한 것이 아니라면, 욕설 라벨링을 하지 않는다. (욕설이 아닌 비난으로 라벨링 필요)

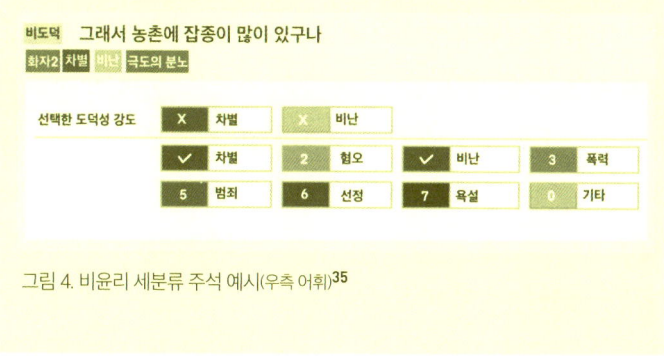

그림 4. 비윤리 세분류 주석 예시(우측 어휘)[35]

비윤리 문장은 화자를 선정하고 7가지 유형에 적절하게 라벨링이 되었는지를 교차 검수하였다. 이를 통해 나타난 유형별 라벨 분포는 다음과 같다.

대체로 비난에 해당하는 분류가 53%로 가장 높았고 다음으로 혐오 18.2%, 차별 10.4%, 선정 6.1%, 욕설 5.1%, 폭력 5.1%, 범죄 2.1%로 나타났다.

---

[35] 출처 : 2021 NIA 윤리 검증 데이터 세트 구축 워크벤치

비윤리 하위 유형							
전체	비난 (CENSURE)	혐오 (HATE)	차별 (DISCRIMI- NATION)	선정 (SEXUAL)	욕설 (ABUSE)	폭력 (VIO- LENCE)	범죄 (CRIME)
385,082 (100%)	204,029 (53%)	69,990 (18.2%)	39,885 (10.4%)	23,682 (6.1%)	19,747 (5.1%)	19,562 (5.1%)	8187 (2.1%)

표 9. 비윤리 하위 유형 라벨 분포

 기존 연구에서는 비윤리 문장을 윤리와 비윤리처럼 이진 분류로 주로 분류했다. 이러한 원인은 비윤리 문장을 탐지하는 모델을 개발하기 위한 것이므로 모델 성능에 초점이 맞추어진 경향이 짙다.[36] 세부 유형을 나눈 경우에 성별, 연령, 인종/출신지, 성적 지향, 장애, 종교, 정치 성향, 기타 혐오로 분류했으나 욕설, 모욕, 종교 등은 상호 종속성을 지닌다고 보았다.[37]

 이처럼 비윤리 문장의 특성상 세부 유형 분류가 단독적으로 나타나지 않고 둘 이상의 세부 분류가 다중적으로 라벨링되는 경우가 있었다. 주로 비윤리 문장이 비난으로 분류되면 혐오로도 분류되고, 비난으로 분류되면서 차별로도 분류되며, 선정으로 분류되면 폭력으로 분류되어 실현되는 경향이 있었다. 실제로 비윤리 문장은 주석자에 따라 다중적으로 분류될 수 있고 세부 유형 간에도 상호 연관성을 지닌다는 점이 특징이다. 이러한 다중적인 분류는 비윤리 문장이 어떠한 행위로 연결될 수 있는

---

[36] 윤현서·유선웅, 「Transformer 기반 비윤리적 문장 탐지」, 『한국디지털콘텐츠학회 논문지』, 22(8), 한국디지털콘텐츠학회, 2021, 1289~1293쪽.

[37] 박진원·나영운·박규병, 「비윤리적 한국어 발언 검출을 위한 새 데이터 세트」, 『ACK 2021 학술발표대회 논문집』, 28-2, 한국정보처리학회, 2021, 606~609쪽.

지 확장 가능성이 있다는 점에서도 유용할 것으로 여겨진다.

 기존 방식은 모델의 성능 향상에 초점을 두어 비윤리성을 간소하게 분류하거나 다양한 주석자의 변인을 고려하여 데이터 구축이 이루어진 점이 있다. 그러나 비윤리 텍스트 데이터의 고유한 속성을 반영하기 위해서는 다중 분류를 시도하고 주석자의 성별, 연령, 지역 등의 변인 등을 고려하여 데이터가 구축되어야 한다. 비윤리 문장 탐지뿐만 아니라 데이터의 결과를 통해 비윤리성을 이루는 내부 범주 간의 연관성을 해석하고 다양하게 활용하기 위해서라도 복합적이면서도 다중적인 고려가 필요하다. 이는 데이터 구축이 공학적 접근과 더불어 인문학적 관점에서의 데이터 구축과 해석이 함께 이루어져야 함을 의미한다.

③ 어휘 단위

 비윤리 문장 데이터에서 추출한 어휘 단위Lexical Units의 특성에 대하여 살펴보고자 한다. 구축한 비윤리 텍스트 데이터가 대화형 AI라는 점에서 어휘 단위가 구어적 속성을 지니고 있음을 알 수 있었다. 어휘 단위는 앞서 비윤리 텍스트 데이터 구축 절차에서도 언급했듯이, 비윤리 문장에서 추출한 문형 정보로부터 추출하였다. 문장에서 의미적으로나 형식적으로 주요 성분으로 나타나는 명사류(N)와 동사류(V)를 추출하였는데, 비윤리 문장들에서 웹 언어적 특성으로 줄임말이나 구어형 명사류(거, 뭐, 그거, 니)가 고빈도로 실현되었다.

 비윤리 텍스트 데이터에서 출현한 고빈도 명사류와 동사류의 분포는 다음과 같다.

순위	어휘 단위	출현 횟수	예시 문장
1	거	40,097	V1(돌다)은 N1(거) V2(아니다)야?
2	너	23,964	N1(너)를 V1(보다)니 N2(한남)은 N3(재기)가 N4(답)이다
3	나	11,459	N1(나)ㄴ N2(중국인들) V1(싫다)어
4	뭐	8,481	N1(뭐)V1(이다)래 N2(무골반) N3(노꼴) V2(이다)ㄴ데
5	여자	7,897	저 N1(여자) N2(얼굴)에서 V1(축구하다) 아도 V2(되다)겠어
6	돈	7,457	N1(돈) V1(없다)는 N2(늙은이들) V2(살처분하다)면 됨
7	니	7,260	N1(니) N2(누렁니) 보다는 V1(하얗다)이ㄴ데?
8	애들	7,201	V1(가난하다)ㄴ N1(애들) N2(집안)를 V2(보다)면 다 N3(이유)이 V3(있다)더라
9	말	6,269	V1(지껄이다)는 N1(말)마다 N2(거짓말)이네
10	사람	6,026	이 N1(사람) N2(인성)도 V1(글러먹다)었더라고

표 10. 비윤리 텍스트 데이터에서 나타나는 고빈도 명사

순위	어휘 단위	출현 횟수	예시 문장
1	하다	54,493	N1(원정) N2(성매매)나 V1(하다)ㄴ N3(한녀)는 V2(당하다)아도 V3(싸다)아
2	보다	23,727	이런 N1(피싸개)를 V1(보다)았냐?
3	없다	18,557	역시 N1(정상적)인 N2(캣맘)은 V1(없다)다
4	같다	16,053	N1(악마) V1(같다)은 N2(정치인들)
5	있다	15,982	N1(부모님) 중에 N2(짱깨) V1(있다)냐?
6	되다	14,757	N1(아줌마)이 다 V1(되다)었네
7	아니다	11,311	역시 N1(빨갱이) V1(아니다)랄까 V2(보다)아
8	가다	9,720	N1(요즘)은 N2(맛)이 V1(가다)았어
9	먹다	7,822	N1(술) V1(먹다)으면 N2(개)이 따로 V2(없다)구만
10	주다	7,740	N1(돈)만 V1(주다)면 V2(좋다)고 N2(침대)에 V3(눕다)는데

표 11. 비윤리 텍스트 데이터에서 나타나는 고빈도 동사

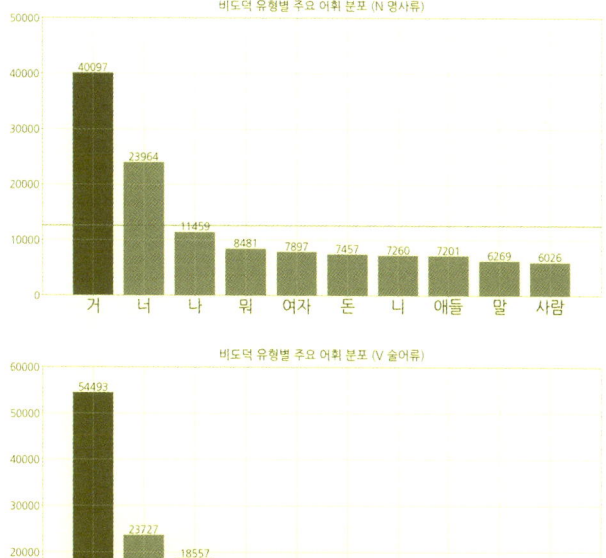

표 12. 비도덕 유형별 주요 어휘 분포(위: 명사류, 아래: 동사류)

〈표 12〉는 명사와 서술어의 순위와 예시를 보인 것이다. 비윤리 문장이라고 하여 특정한 어휘가 출현하지는 않는다. 다만 관련 예시에서 보듯이 특정 문맥에서 사용될 경우에 비윤리로 해석되는 것을 알 수 있다. 이 데이터를 기반으로 하여 한국어 비윤리적 어휘의 특징을 살핀 연구가 진행되었다. 박미은, 정유남(2022)은 AI 비윤리 텍스트 데이터를 기반으로 한국어 비윤리적 어휘의 형태적, 의미적 특징을 살펴보았다. 비윤리 문장 251,930개에서 추출한 명사형 어휘 61,318개 가운데 직시 표현과 저빈도 어휘를 제외한 17,805개를 대상으로 빈도 3 이상의

비윤리적 어휘의 특성을 고찰하였다. 비윤리적 어휘의 형식적
특성으로는 줄임말, 변이형, 유사 파생형이 주로 나타났다.

예) ㄱ. 줄임말: 기레기(기자 쓰레기), 틀딱(틀니 딱딱), 한남(한국 남자)
　　ㄴ. 변이형: 능지(지능), 딸배(달배<배달)
　　ㄷ. 유사 파생: 맘충, 폰팔이, 개극혐, 군무새

의미 기능적 특성으로는 금칙어 회피, 사태의 부호화, 특정 대상 비하, 맥락 비유, 복합적인 의미 기능으로 나타났다. 비윤리적 어휘는 웹 언어의 특성을 반영하여 디지털 공간에서 자유롭게 표출되며, 금칙어를 회피하기 위하여 다양한 변이형으로 실현되고 있었고, 화자의 의도와 언어의 유희성, 표현의 경제성 등이 복합적으로 실현되어 한글 외에도 숫자, 알파벳, 부호 등이 삽입되어 나타났다. 맥락 속에서 비윤리적 의미를 획득하거나 화자가 부정적으로 경험한 사태를 부호화함으로써 조롱이나 비난을 표출하는 어휘(사회적 암덩어리, 기생충처럼 산다)로 실현되는 것을 확인할 수 있었다. 이러한 어휘 단위로 실현되는 비윤리적 표현은 AI 모델에서 비윤리성 탐지나 마스킹 처리가 용이한 편이다. 다만, 기계 처리에서는 문장의 의미나 맥락 정보를 파악한 비유적 표현(원숭이, 홍어, 우끼끼)까지는 좀 더 정밀한 연구가 필요하다.

3) 비윤리 텍스트 데이터 활용

비윤리 텍스트 데이터 구축 결과는 이론적 측면과 실용적 측

면에서 활용될 수 있다. 먼저 이론적 측면에서는 인공지능의 윤리적, 사회적, 법적 이슈를 다루는 정책 입안자, 연구 기관 등에 실용적인 인공지능 윤리 지침 개발에 대한 참고 및 연구 자료로 제공될 수 있다. 윤리적 성찰을 간과하고 마련된 기존 개발이 여러 가지 문제를 일으켰던 것을 볼 때, 인간과 소통이 원활한 인문데이터를 설계하고 구축해야 한다는 것을 알 수 있다. 비윤리 텍스트 데이터는 이러한 관점에서 구축되어야 하며 윤리학, 언어학적 관점이 반영되어야 한다.

최근 데이터 연구에서는 데이터의 규모를 늘리는 것뿐만 아니라 데이터의 품질을 확보하여 적재적소에 활용할 수 있는 데이터로 공유하고 확산해야 한다는 견해가 많다. 정부에서도 '대통령직속 디지털플랫폼정부위원회'를 구성하여 공공데이터를 연결해 주는 방향으로 나가가고 있다.[38] 데이터를 활용하여 가치를 창출하고, 더 나은 세상을 위한 디지털 생태계를 마련하기 위함이다.

앞서 살펴본 인문데이터는 데이터 활용 거버넌스와 디지털 생태계에 반드시 필요하다. 사람 중심의 AI가 개발되어야 하듯이 AI를 위한 데이터 구축에서도 인문학적 접근이 요구된다. AI를 위한 기존의 데이터 구축과 해석, 모델링과 평가, 활용은 목적에 따라 신속하면서도 대규모로 이루어진 데 반해, 인문학적 고려나 해석이 다소 간과되어 왔던 것도 사실이다. 인간 중심의 데이터는 좀 더 인간과 AI가 소통하기 편한 데이터이며, 인문학

---

[38] https://www.dpg.go.kr/

적 고려가 반드시 포함되어야 한다. 따라서, 인문학적 관점에서 데이터가 설계되고 구축되어야 한다.

민감한 개인정보를 제거하고 편향적이지 않은 데이터를 수집하고 정제해서 데이터가 윤리적으로 잘 활용될 수 있도록 해야 한다. 또한 AI 모델링 단계에서도 그 과정을 투명하고 설명 가능하게 공개함으로써 다양한 목적에 부합하는 모델이 개발될 수 있도록 해야 한다. 데이터의 품질은 모델 성능의 향상뿐만 아니라 목적에 맞는 데이터로 활용되기 위해서도 중요한 부분이다. 데이터를 구축하는 단계에서부터 세부 유형을 어떻게 분류할지, 데이터 품질을 위한 검수와 오류 분석이 어떻게 이루어져야 하는지도 연구되어야 한다. 데이터를 분석하면서 기존 연구에서 발견하지 못한 부분을 새롭게 발견할 수도 있고 데이터의 품질을 높임으로써 다양한 데이터로 확장할 수도 있다.

언어학적 측면에서 비윤리 AI 텍스트 데이터를 분석한 연구가 있다. AI 윤리 검증 데이터로부터 비윤리 어휘의 특성을 살핀 연구(박미은·정유남, 2022), 비윤리 말뭉치를 기반으로 비윤리 문장의 의미를 분석한 연구(정유남, 2022), 딥러닝을 기반으로 비윤리 텍스트 데이터의 어휘와 분포 의미를 파악한 연구(이승호·정유남, 2022) 등이다.

실용적 측면에서도 어휘나 문장 내에서 비교적 명시적으로 나타나는 금칙어나 욕설 탐지에 초점을 맞추어 데이터가 구축되었다. Smilegate AI에서는 한국어 혐오 표현, 'UnSmile'에서는 '게이', '흑형', '급식충'과 같이 대상에 대한 고정관념 등에서 나타나는 혐오 표현, 악플, 욕설을 탐지하는 데이터 세트를 공개하였다.[39] 혐오 표현에 대해 혐오 표현, 다중 레이블로 전문가 집단으로 레이블링되었다. 한국어 비속어 리스트를 제공하는 'Korean-bad-word'의 데이터는 비윤리 어휘 목록이다.[40] 어휘 기반 비윤리 데이터는 욕설, 비속어, 금칙어를 탐지하고 걸러 내는 데에 효과적이다. 비윤리 어휘 탐지 데이터 세트와 비교해 볼 때, 비윤리 텍스트 데이터는 구축 설계에서 3개 이상의 문장으로 구성된 대화로부터 비윤리 문장이 생성되었다는 점에서 의미가 있다.

실제로 비윤리 어휘로 탐지되지는 않지만 문맥에 따라 비윤리성을 드러내는 문장이 생성되었으며, 대화 상황에서 비윤리성이 드러나는 문장도 자연스럽게 생성되었다. 이러한 비윤리 데이터는 대화형 인공지능 기술 보유 업체가 사회적, 윤리적 문제를 사전에 제어할 수 있는 실질적인 윤리 검증 방법 개발에 활용될 수 있다. 나아가 챗봇이나 음성비서 시스템 등 대화형 인공지능의 대화, 기업/민원 콜센터 등의 대화 등에 대한 검증 및 탐지 솔루션 개발에 활용될 수 있을 것으로 기대한다.

한편으로는 비윤리 데이터를 활용하여 비윤리 표현을 탐지하는 모델 개발이 있다. 윤리성 자동 판별 분류기를 개발한 사례도 나타나는데, 박진원·나영윤·박규병(2021)은 대화형 인공지능 비윤리적 발언 검출을 위한 연구를 진행하였다.[41] 한국어 학

---

39 https://github.com/smilegate-ai/korean_unsmile_dataset
40 https://github.com/doublems/korean-bad-words
41 박진원·나영윤·박규병, 「비윤리적 한국어 발언 검출을 위한 새 데이터 세트」, 『ACK 2021 학술발표대회 논문집』, 28-2, 한국정보처리학회, 2021, 606~609쪽.

습 데이터를 욕설, 모욕, 폭력/위협, 외설, 범죄 조장, 혐오 표현으로 구분하고 train data 1만, test 1만 개를 구축하여 모델 성능을 검사하였다. Bi-LSTM, GPT, ELECTRA 등 여러 신경망 모델을 벤치마크로 삼아 데이터 세트를 적용해 실험을 돌린 결과 F1 값이 ELECTRA가 가장 높은 성능으로 나타났다. 이러한 연구는 기존 이분법적 판별에서 비윤리 속성을 고려하여 라벨을 세부적으로 제시하였고 한국어 혐오 문장 판별을 위한 모델 실험 결과를 제시했다는 데 의의가 있다.

데이터에서 나타나는 악성 텍스트를 검토하기 위하여 튜닙 TuNiB에서는 실제로 사용자에게 혐오 표현을 자동 탐지해 주는 '윤리성 판별Safety Check' API를 공개했다.[42] 자연어 처리 딥러닝 모델을 이용해 비윤리 표현을 11가지로 분류했는데, 욕설, 모욕, 폭력/범죄 조장, 외설, 성 혐오, 연령 혐오, 인종/지역 차별, 장애인 혐오, 종교 혐오, 정치성향 혐오, 직업 혐오로 구분하고, 이들 혐오 표현을 '주의, 명백, 심각'으로 탐지하여 문제가 되는 표현을 특정하고 하이라이트가 되도록 '윤리성 판별' API 서비스를 공개했다.[43] 송영숙·정유남(2022)에서는 이 윤리성 자동 분류기 'SafetyCheck(Korv0.5)를 활용하여 국어사전의 비윤리 용례를 분류하고 올바른 사전 용례 제시 방안을 살펴보았다.[44]

비윤리 텍스트 데이터는 어휘 차원뿐만 아니라 문장 차원으

---

[42] https://www.tunib.ai 기관/기업에서 API 호출 서비스로 이용이 가능하다.
[43] tunibridge.ai에서 제공하는 'https://demo.tunib.ai/safety' 참고. 비윤리 모델인 TUNiB-Electra는 'https://github.com/tunib-ai/tunib-electra' 참고.
[44] 송영숙·정유남, 「국어사전 용례의 윤리성 자동 분류 문제와 제안」, 『언어와 정보』, 한국언어정보학회, 2022.

로 확대되고, 맥락을 고려하여 비윤리성을 탐지할 수 있는 단계로까지 데이터가 활용되고 있다.

4) 더 나은 비윤리 텍스트 데이터 구축을 위한 제언

대규모의 비윤리 텍스트 데이터를 구축하기 위해서는 구축 규모 및 대상 자료의 수집 방안, 대상 자료의 범위, 데이터의 편향, 데이터 구축 방법론 등이 고려되어야 한다. 이뿐만 아니라 특히 비윤리성에 해당되는 혐오, 차별, 선정, 비난 등의 콘텐츠를 접하는 주석자의 교육이나 정서적 문제 등도 감안해야 한다. 비윤리 데이터에 라벨을 주석하는 주석자는 심리적, 정서적 부담감을 지닌다는 연구가 있다. 작업자는 증오심 표현에 라벨을 주석할 때 더 높은 수준의 스트레스와 감정적 피로를 경험했으며, 이는 증오심 표현의 대상 유형을 식별할 때 더욱 악화되는 현상이 발견되었다(Davidson et al., 2019). 또 혐오 발언을 해결해야 한다는 책임감을 느끼며, 라벨 분류에서 높은 수준의 스트레스와 감정적 피로를 경험했고(Davidson et al., 2019), 라벨 주석 과정에서도 편향 가능성에 대한 우려를 표명한 바 있다(Fortuna et al., 2018).

이처럼 비윤리 텍스트 데이터는 라벨링 작업자들이 주석 작업을 하면서 감정적인 어려움이 발생하고, 작업자 변인에서 발생하는 데이터 편향성이 존재할 수 있다는 것도 확인된다. 특히 한국 사회의 갈등이 반영된 데이터가 구축되어 확산될 수 있으며, 주석자에게도 갈등에 대한 부정적 감정이 전이될 수 있다. 이러한 문제를 해결하기 위해서는 각 분야의 전문가들의 윤리 데이터에 관한 심도 있는 논의가 지속적으로 이루어져야 하고, AI 데이터의 윤리성을 고려하여 인문데이터의 설계와 구축이 마련되어야 할 것이다.

한편, 최근 OPEN.AI에서 공개한 챗지피티chatGPT(4.0)를 활용한 인문데이터 구축에 관해서도 논의가 필요하다. 프롬프트 엔지니어를 이용하여 적절한 질문을 통해 챗지피티로부터 데이터를 생성해 낼 수 있을 것이다. 앞으로 데이터 구축은 작업자가 지침을 이해하고 AI 데이터를 구축하던 기존 방식에서, AI를 활용하여 대규모의 데이터를 신속하고도 정확하게 생성해 내는 방식으로 전환될 수 있다. 그러기 위해서는 인간이 적절한 프롬프트를 제공해야 한다. 다시 말해, 챗지피티가 데이터를 생성해 낼 수 있도록 맥락을 이해하고 세부적인 지시어를 제공하는 것이 관건이다.

이뿐만 아니라 생성 AI가 산출한 결과가 '인문데이터'로 활용되기 위해서는 맥락을 제대로 이해하고 생성했는지를 검수해야 한다. 지금 단계에서는 전문가 주석자가 AI의 산출물을 검토해야 하겠지만 머지않아 검증하는 AI가 개발되어 AI의 산출물을 검수하는 단계로 나아가야 할 것이다.

정리하면, 비윤리 텍스트 데이터는 인간의 사고, 행동, 문화 등 복잡성을 반영하므로 인문데이터로써 중요한 가치가 있다. 또한 인간 사회에 퍼져 있는 것과 같이 성별, 인종, 국적, 종교 등을 포함한 소수 집단에 대한 적대적 발언, 조롱, 희화화, 편견 등의 비윤리 표현들을 걸러 내기 위한 자정 역할을 제대로 담당하기 위해서라도 비윤리 데이터 구축에는 인문학적 성찰이 반드시 녹아 들어야만 한다. 이를 통해 AI가 비윤리적인 문장을 탐지하고 분류함으로써 결과적으로 원활한 소통이 이루어질 수 있다.

윤리적인 대화란 매우 복합적이다. 윤리와 비윤리로만 판정하기 어려우며, 맥락을 통해 다양한 상황에 따른 유형으로 구분할 수 있다. 하나의 단어나 표현이라 하더라도 상황에 따라 화자의 의도나 청자의 정서적 반응에 따라서도 윤리와 비윤리의 구분이 달라질 수 있다. 이렇듯 비윤리 데이터는 다중적이면서도 복합적인 속성을 지닌다. 여기에서 다룬 비윤리 텍스트 데이터는 비윤리 유형을 7가지로 분류하고 강도를 부여하였으며, 다중 주석을 허용함으로써 인간이 규범적, 정서적으로 느끼는 비윤리 문장의 정보를 반영했다는 데에서 의미가 있다. 아직은 AI가 인간 중심의 모델로서 비윤리를 탐지하고 맥락을 파악하여 윤리적으로 소통하기에는 미흡한 부분이 있다. 인간 중심의 AI 모델이 개발되고 인간과 윤리적으로 소통하기 위해서는 인문학적 성찰이 반영된 인문데이터가 구축되어야 하며, 이를 반영한 AI 모델이 개발되어야 할 것이다.

AI 학습 데이터로 비윤리 텍스트 데이터를 구축하면서 우리는 인간들의 사회문화에 관습적으로 침투해 있는 비윤리성을 살펴볼 수 있었다.

AI 학습 데이터 가운데 비윤리 텍스트 데이터는 편향성, AI의 데이터 윤리 등도 함께 고려되어야 한다. AI 산업계에서 비윤리적인 문제가 한 번이라도 발생하면 바로 서비스를 중지해야 할 만큼 윤리적 이슈는 매우 중요하다. 비윤리 데이터를 양적으로 구축하고 AI 개발과 활용을 위해 객관적이고 신속하게 개발하는 것도 중요하지만 인문학적 성찰을 반영하여 윤리적으로 구축하는 것이 더욱 중요한 이유이다. 앞으로도 비윤리성과 데이터 편향이 없는 인문데이터를 지속적으로 구축하고 기존 데이터도 활용 목적에 부합하도록 고품질 데이터로 재가공해 나가야 한다.

   AI 학습 데이터 구축이나 평가에 관해서도 학계와 산업계에서 다양한 논의가 이루어져야 한다. 챗지피티와 같은 생성 AI를 활용하여 AI 학습 데이터를 검증하는 방향으로 데이터를 구축할 수도 있고, 비윤리적이며 민감한 주제에 대하여 프롬프트를 입력했을 때 윤리적으로 적절한 답변을 하는 방향으로 데이터를 마련해야 한다. 또한 다양한 AI 학습 데이터 구축 방법론이나 생성 AI 프롬프트를 기반으로 하는 데이터 세트가 개발되어야 한다. 나아가 AI가 생성한 데이터가 인문데이터로써 인간 중심의 데이터로 활용될 수 있는지 검증할 수 있는 AI 평가 체계 등도 마련되어야 할 것이다.

2

감정 온톨로지 데이터

(1) 인공지능과 인간의 감정

인공지능 기술은 하루하루가 다르게 발전하고 있다. 인간이 해오던 많은 일을 인공지능이 대신하고 있으며, 이는 문학, 나아가 예술 분야도 예외가 아니어서, 인공지능이 시와 소설을 집필하고 음악을 만들며 그림을 그리고 있다. 이런 추세로 인공지능이 발전한다면 '인간만이 할 수 있는 일이 과연 남아 있을까?' 하는 두려움마저 느껴질 정도이다. 다행히 2020년 세계경제포럼WEF은 「일자리의 미래 2020 보고서The Future of Jobs Report 2020」에서 인공지능이 대체할 수 없는 인간의 능력이 있다고 발표한 적이 있다.

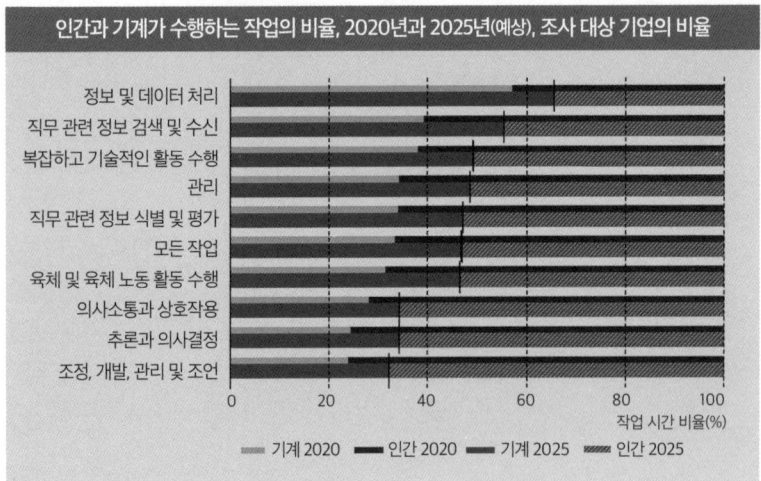

그림 5. 직무별 인간과 기계의 업무분담(2020년과 2025년 비교)[45]

　이는 〈그림 5〉의 하단에 제시된 조정Coordinating, 개발Developing, 관리Managing 및 조언Advising, 추론Reasoning 및 의사결정Decision-making, 의사소통Communicating 및 상호작용Interacting 능력이다. 여기에서 의사소통 및 상호작용은 단순히 언어를 통해 의사를 주고받는 것이 아니라 언어를 초월한 공감, 감정 소통을 의미한다.

　감정 소통의 측면에서 인간이 인공지능보다 우위에 있다는 견해에는 인공지능이 '감정'을 이해하지 못한다는 전제가 깔려 있다. 즉 감정은 인간과 인공지능의 차이를 설명할 수 있는 가장 근본적인 요인 중 하나라는 것이다. 이를 거꾸로 말하면 수많은 인공지능이 존재하겠지만, 감정을 인식할 수 있는 인공지능은 인간과 구분할 수 없을 정도로 획기적이라는 것이다. 따라

---

[45] 세계경제포럼, 「일자리의 미래 2020 보고서(The Future of Jobs Report 2020)」, 2020.

서 인공지능 기술에서도 인간친화적이고 인간중심적인 인공지능의 개발을 위하여 인간의 감정에 주목하고 있으며, 현재 인간의 감정과 관련한 다양한 데이터 세트가 구축되었고, 구축되고 있는 중이다.

그런데 정말 인공지능이 인간의 감정을 식별할 수 없을까? 감정이라는 것이 인간만의 고유한 특성이라고 할 수 있을까? 인공지능은 감정을 가질 수 없을까? 중앙대학교 인문콘텐츠연구소 HK+사업단의 감정 데이터 구축은 이러한 질문들에서 시작되었다. 본 연구소는 인간의 고유한 특성, 즉 인간성으로써 감정에 주목하였고 인공지능 기술과 인문학 연구를 통해 인간의 감정을 탐색하면서 인공지능이 학습할 수 있는 감정 데이터를 구축하였다. 이러한 감정 데이터 구축을 통해 '인간'과 '인간의 감정을 이해하는 인공지능'의 공존을 모색하겠다는 목표를 추진하였다.

(2) 감정 온톨로지 데이터 기획 및 설계

1) 기획 의도

중앙대학교 인문콘텐츠연구소 HK+사업단은 '인간'과 '인간의 감정을 이해하는 인공지능'의 공존을 모색하겠다는 목표를 바탕으로 감정 데이터를 구축하였다. 기획 단계에서 감정 데이터의 현황을 파악하고 어떻게 구축할 것인가를 고민하였고, 그 결과로 기호적Symbolic 방식과 비기호적Subsymbolic 방식을 통합하는 다학제 간 연구 기반의 한국형 감정 온톨로지 데이터 구축이라는 구체적인 기획 의도를 설정하였다.

현재는 다양한 한국어 기반 감정 데이터들이 구축되어 공유되고 있다. '한국어 감정 정보가 포함된 단발성 대화 데이터 셋'과 '연속적 대화 데이터 셋'[46], '감성 대화 말뭉치'[47], 'KOTE Korean Online That-gul Emotions Dataset'[48] 등이 그것이다.[49] 하지만 본 연구소에서 감정 데이터를 기획하던 2018년 당시에는 공개된 감정 데이터가 기본적으로 드물었다. 한국어 감정분석 코퍼스 Korean Sentiment Analysis Corpus, KOSAC라는 한국어 기반 감정 데이터가 공개되어 있었지만, 긍정과 부정, 중립의 감정만을 제공하고 있었다.

---

[46] (주)아크릴, 「한국어 감정 정보가 포함된 단발성 대화 데이터 셋」, AIHUB, 2022. https://aihub.or.kr/unitysearch/list.do?kwd=한국어+감정+정보가+포함된+단발성+대화+데이터셋; 「한국어 감정 정보가 포함된 연속적 대화 데이터 셋」, https://aihub.or.kr/unitysearch/list.do?kwd=한국어+감정+정보가+포함된+연속적+대화+데이터셋. SNS 글 및 온라인 댓글에 대한 웹 크롤링을 실시하여 문장을 선정하고, 7개 감정(기쁨, 슬픔, 놀람, 분노, 공포, 혐오, 중립) 레이블링 수행함.

[47] 미디어젠, 「감성 대화 말뭉치」, AIHUB, 2021. https://aihub.or.kr/unitysearch/list.do?kwd=감성+대화+말뭉치. 크라우드 소싱 수행으로 일반인 1,500명을 대상으로 하여 음성 15,700문장과 코퍼스 27만 문장 구축, 세대별 감성 대화 텍스트 구축을 통해 감성 대화 엔진을 개발하여 세대별 감성 대화 서비스를 제공함.

[48] Jeon, Duyoung., Lee, Junho., & Kim, Cheongtag. "User Guide for KOTE: Korean Online Comments Emotions Dataset." *Computation and Language*, 2022, https://doi.org/10.48550/arXiv.2205.05300 ; 다양한 온라인 플랫폼에서 수집한 50,000개의 댓글에 44개 정서로 레이블링한 데이터 세트를 토대로 구축한 감정 분류기, https://github.com/searle-j/KOTE

[49] 이러한 감정 데이터 세트는 대체로 실생활이나 온라인상에서 사용되는 문장의 감정을 구축한 것이고, 맥락 정보를 배제한다는 한계가 있다.

인공지능의 감정식별 연구에서 긍정, 부정, 중립의 감정을 구분하는 것은 물론 중요하다. 하지만 세 가지 감정 양상만으로는 인간의 감정을 이해할 수 없다. 한국인의 다양한 감정을 이해할 수 있는 다중 감정 식별 체계 및 데이터가 필요했던 것이다.

감정이 보편적이기만 하지만 영어 기반의 디지털 감정 사전인 'NRC Word-Emotion Association Lexicon(이하 EmoLex)'를 활용하는 것도 하나의 방법이 될 수 있었을 것이다. EmoLex는 긍정, 부정의 감정 지수와 함께 플루치크Robert Plutchik의 기본 감정 이론을 활용하여 분노Anger, 기대Anticipation, 혐오Disgust, 두려움Fear, 즐거움Joy, 슬픔Sadness, 놀람Surprise, 신뢰Trust 등 다양한 감정에 대한 감정 지수를 제공해 주기 때문이다.

하지만 감정은 사회문화적 환경에 따라 다양하게 표출되고, 특히 언어, 텍스트에 표현된 감정은 더욱 사회문화적 환경의 영향을 받는다. 인간의 언어는 사회화된 표현 기제이며, 이러한 표현은 본능적 차원이 아니라 사회적 행위라고 할 수 있기 때문이다(이유미 등, 2020:135). 따라서 한국인의 다양한 감정 양상을 자동으로 판단하기 위해서는 한국어로 된 한국인의 다양한 감정의 데이터를 구축할 필요가 있다.

그런데 흔히들 인공지능이라고 하면 딥러닝 기술만 떠올리기 쉽다. 하지만 인공지능은 기계로부터 만들어진 인공적인 지능으로써, 학습과 문제해결 같은 인간의 인지 기능을 모방하여 만들어진 기계의 지능을 의미한다. 인간의 학습능력과 추론능력, 지각능력, 자연언어의 이해능력 등을 컴퓨터 프로그램으로 실현한 기술인 것이다.

인간의 인지 기능을 컴퓨터 프로그램으로 실현하는 방법에는 두 가지가 있다. 하나는 인간의 지식을 컴퓨터가 이해 가능한 기호로 표기해서 처리하는 기호적 처리 방식이고, 다른 하나는 지식의 표현이 없거나 최소화해서 처리하는 비기호적 처리 방식, 즉 기계학습 방식이다. 다층의 신경망을 이용한 학습 방법으로서 딥러닝은 기계학습 중의 하나일 뿐이다. 그리고 현재 가장 큰 화두로 떠오른 챗지피티와 같은 생성형 AI는 딥러닝 기술을 기반으로 하는데 주어진 입력 데이터나 지침을 기반으로 새로운 콘텐츠, 정보 또는 작품을 생성하는 데 사용되는 기술을 말한다. 딥러닝 기술이 기존 데이터를 기반으로 예측하거나 분류하는 정도였다면 생성형 AI는 이용자가 요구한 질문이나 과제를 해결하기 위해 스스로 데이터를 찾아서 학습하여 이를 토대로 능동적으로 데이터나 콘텐츠 등 결과물을 제시하는 기술이라고 할 수 있다.

현재 인공지능이라고 지칭되는 영역은 사실상 기계학습과 같은 비기호적 처리 영역만을 지칭하는 것 같다. 이러한 기계학습은 인간 지식을 최소한만 알려 주거나 생략하고 컴퓨터가 주어진 데이터를 기반으로 자동 분석을 진행한다. 그 결과 인간의 사유 방식으로는 도출하기 어렵거나 도출할 수 없는 '훌륭한 결과'를 이끌어 낸다. 인간과 유사하게, 그리고 인간이 원하는 대로 결과를 도출해 주는 것이다. 그런데 문제는 그 결과가 어떻게, 무엇을 근거로 도출되었는가를 인간이 이해하기 어렵다는 것이다. 인문학의 영역에서 항상 수행되는 '왜?'라는 질문에 답변할 수 없는 것이다.

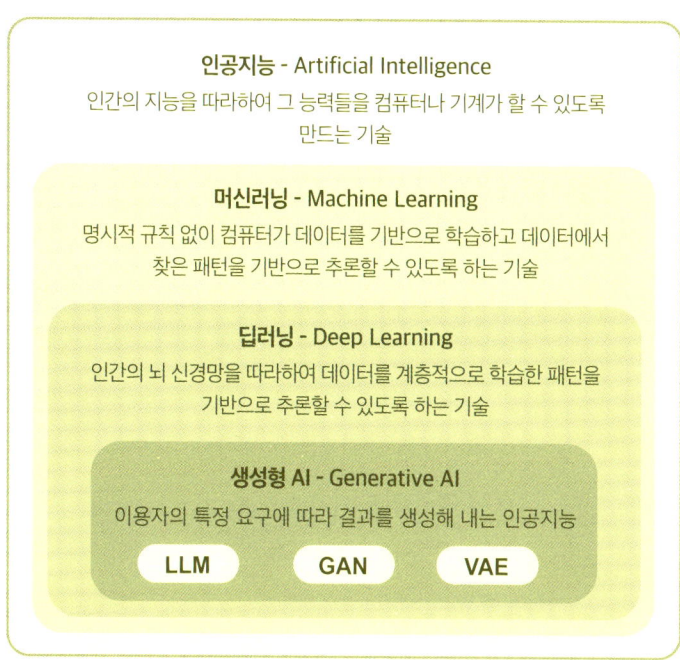

그림 6. 인공지능, 머신러닝, 딥러닝의 관계[50]

한편 인공지능의 영역에는 '전문가 시스템Expert System'이라고 하는 인간의 지식을 기호로 표시하고, 이를 바탕으로 논리, 검색, 문제 표현 등을 처리하는 기호적 처리 방식도 존재한다. 전문가 시스템은 기계학습과는 정반대로 많은 데이터가 아닌 인간의 사유 자체를 컴퓨터에게 알려 주어서 어떠한 데이터가 입력되더라도 인간의 사유를 통해서 처리할 수 있도록 하는 것이다.

인간의 사유를 컴퓨터에 이식하였기에 인간이 컴퓨터의 처

---

[50] 양지훈·윤상혁, 「ChatGPT를 넘어 생성형(Generative) AI시대로: 미디어·콘텐츠 생성형 AI 서비스 사례와 경쟁력 확보 방안」, 『MEDIA ISSUE & TREND』, 55, 한국방송통신전파진흥원, 2023, 65쪽.

리 과정을 이해하는 것에는 문제가 없다. 문제는 아직 인간의 복잡한 사유를 온전히 컴퓨터에 이식할 수 없기에 이식에 필요한 노력 대비 결과물이 머신러닝에 비하여 상대적으로 부족하다는 단점이 있다.[51]

이렇듯 기호적 처리 방식과 비기호적 처리 방식은 각각 장단점이 존재한다. 따라서 인공지능 영역에서는 두 방식의 장점만을 아우를 수 있도록 하는 연구도 진행되고 있다. 처리 효율이 높은 머신러닝을 기본으로 전문가 시스템을 결합하는 방안이 그것이다. 따라서 중앙대학교 인문콘텐츠연구소에서 구축한 감정 데이터는 인문학적 연구를 기반으로 한 기호적 처리 방식인 온톨로지 방식과 라벨링된 데이터 구축을 통한 비기호적 처리 방식인 머신러닝을 통합할 수 있도록 기획하였다. 이러한 통합형 감정 데이터 구축은 다양한 전공자들이 모여 있는 본 연구소의 장점을 부각하는 방법이기도 하였다.

본 연구소에는 문학, 철학, 사학, 심리학, 언어학, 미학, 공학, 디지털인문학 등 다양한 분야의 전공자들이 모여 인공지능인문학을 연구하고 있다. 이렇게 다양한 전공의 연구자들이 자신의 학문 영역의 특색을 살리면서 또 하나의 체계로 통합하려는 다학제적 사고를 바탕으로 인간의 감정을 이해하려는 시도가 감정 데이터 구축이라고 할 수 있다. 즉 감정 데이터 구축은 인공지능이 중심이 되는 시대에 인문학, 사회과학, 이공학이 융합

---

[51] 인공지능의 기호적 방식과 비기호적 방식에 대한 이해는 "김바로, 「딥러닝으로 불경 읽기 - Word2Vec으로 CBETA 불경 데이터 읽기」, 『원불교사상과 종교문화』, 80, 원광대학교 원불교사상연구원, 2019, 249~279쪽"을 참조하라.

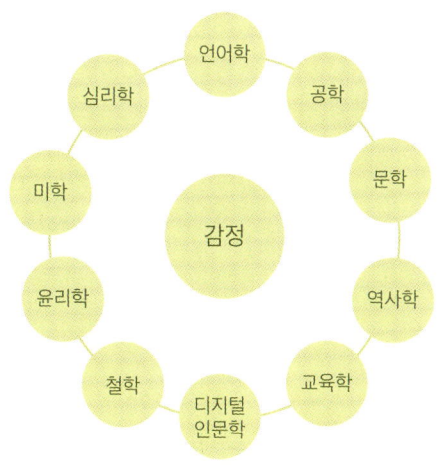

그림 7. 감정 온톨로지 데이터의 다학제 간 연구 기반

하는 다학제적 사고를 바탕으로 인간의 감정을 이해하는 것을 목적으로 한다.

이를 위하여 문학, 철학, 언어학, 심리학, 미학, 디지털인문학, 공학 등 다양한 학문 영역 전공자들이 참여하여 감정 데이터를 구축하였고, 그 과정에서 각 학문 영역의 특색을 살리면서도 그 특색들을 연결하여 이해할 수 있는 감정 온톨로지 체계를 마련하고자 하였다. 그리고 인공지능 기술을 활용하여 인간의 감정에 대한 현황을 종합적으로 파악하고, 연구와 산업 모두에서 활용할 수 있는 데이터와 알고리즘을 생산하고자 하였다.

2) 감정 분류체계 기획

감정 온톨로지 데이터를 구축하기 위해서는 인간의 감정에 대한 인문학적 성찰이 필요하다. 인간의 감정이란 무엇인가?

인간은 스스로의 감정을 잘 이해하고 식별할 수 있는가? 인간의 감정은 인류 보편적인가 아니면 사회문화적인가? 인간의 감정에 표준이라는 것이 존재하는가? 우리는 이러한 질문에 대한 답변을 고민하면서 기존에 구축되어 있었던 감정 데이터들을 검토하였다. 그런데 기획 단계에서 검토된 기존의 감정 데이터들은 인문학적인 사유보다는 인공지능 기술 중심적으로 구축되어 있었다. 긍정, 부정, 중립을 예측할 수 있도록 만든 데이터, 기계학습에 용이하도록 만든 데이터였던 것이다. 따라서 인문학적 사유를 기반으로 인간의 감정을 성찰하기 위하여 긍정, 부정, 중립의 세 분류가 아닌 다중 감정 분류 체계를 확립해야 했다.

그러나 다중 감정 분류 체계를 구축하는 것에서도 또 다른 문제가 제기되었다. 감정이 보편적인지 아니면 문화적인지에 대한 고민이 필요했던 것이다. 물론 기본 감정 이론[52]에 근거하여 6개 또는 8개의 감정 분류체계를 마련하고 감정 데이터를 구축하면 손쉬운 데이터 구축이 가능할 것이다. 하지만 이러한 방식은 감정의 문화성, 학문 분야의 특수성 등을 반영할 수 없었다. 따라서 중앙대학교 인문콘텐츠연구소 인공지능인문학 사업단은 고된 논의 끝에 감정 체계를 개방하여 문학 및 심리학 분야의 감정 데이터를 먼저 수집하고, 이를 토대로 다시 감정 체계를 마련하기로 결정하였다.

---

[52] Ekman, P., E, Richard Sorenson and Wallace V. Friesen, "Pan-Cultural-Elements-In-Facial-Display-Of-Emotion." *Science*, 164-3875, pp. 86~88.; Plutchik, Robert. "The Nature of Emotions." *American Scientist*, 89-4, 1969, 2001, p. 344.

이에 따라 감정 분류 체계를 마련하기 위한 심리학적 감정 연구를 수행하였고, 그 일환으로 특별한 감정 분류 체계를 마련하지 않은 채 감정의 다양성에 초점을 맞춘 설문조사를 실시하였다. 설문조사 항목은 성격, 행복, 의미 수준, 인구통계학적 변인 등의 요소를 고려하여 다음과 같이 설계하였다.

1. 지난 두 달 동안에서 있었던 일 중에서 긍정/부정적인 경험을 작성해 보십시오. 어디서 무엇을 한 경험인지 작성해 주십시오. (띄어쓰기 포함 30자 이상)

2. 해당 경험과 관련해서 느낀 감정 및 기분을 다섯 개 작성하고 해당 감정을 어느 정도 느꼈는지 표시해 보십시오.

	감정 1	감정 2	감정 3	감정 4	감정 5
1. 매우 약간 느꼈다.	○	○	○	○	○
2. 약간 느꼈다	○	○	○	○	○
3. 다소 느꼈다	○	○	○	○	○
4. 많이 느꼈다	○	○	○	○	○
5. 매우 많이 느꼈다.	○	○	○	○	○

3. 묘사한 상황이 특정 감정을 느끼는 데 얼마나 많은 영향을 미쳤다고 생각하십니까?

1. 매우 약간 영향을 미쳤다.	○
2. 약간 영향을 미쳤다.	○
3. 다소 영향을 미쳤다.	○
4. 많이 영향을 미쳤다.	○
5. 매우 영향을 미쳤다.	○

표 13. 감정 분류 체계 마련을 위한 심리학적 연구 기반의 설문조사 항목

구분	인원(명)	비율(%)	합계(명)
남/대학생	600	25.99	
남/직장인/자영업	425	18.41	1,146
남/취업 준비생	121	5.24	
여/대학생	619	26.81	
여/직장인/자영업	410	17.76	1,163
여/취업 준비생	134	5.80	
총 합계	2,309	100.00	2,309

표 14. 위 설문조사 대상의 성별 및 직업 비율(1차: 20대)

구분	남자 (인원, 명/비율, %)		여자 (인원, 명/비율, %)		총 합계 (명)
기혼	402	53.10	355	46.90	757
미혼	600	45.35	723	54.65	1,323
총합계	1,002	100.00	1,078	100.00	2,080

표 15. 위 설문조사 대상의 성별과 결혼 유무 비율(2차: 30대)

설문조사는 전문업체에 의뢰하여 총 두 차례에 걸쳐 실시하였다. 1차 설문조사는 20대 2,309명을 대상으로 시행하였다. 이때 설문 대상자는 남녀 구분, 대학생·직장인·자영업·취업 준비생 등의 직업 구분에 따라 선정하였는데, 설문 대상의 구분과 인원, 비율은 〈표 14〉와 같다. 2차 설문조사는 30대 2,080명을 대상자로 선정하여 1차와 동일한 문항으로 실시하였다. 30대 설문 대상자는 남녀 구분, 혼인 여부 구분 등을 토대로 선정하였고, 설문 대상의 구분과 인원 및 비율은 〈표 15〉와 같다. 1차 설문조사의 결과로 긍정 경험과 부정 경험 각 2,309건에 대한 감정 데이터를 구축하였고, 2차 설문조사의 결과로 긍정 경험과 부정 경험 각 2,080건에 대한 감정 데이터를 구축하였는데, 그 사례를 살펴보면 〈표 16〉과 같다.

　이렇게 수집한 감정 데이터는 먼저 오타를 수정하고 설문 대상자가 감정이라고 입력한 항목의 용어를 간략화하는 작업을 진행하고, 이를 정서(감정)와 비정서(비감정)로 구분하는 정제 작업을 1차적으로 수행하였다. 이러한 정제 작업을 거쳐서 1차 설문조사에서는 정서 2,359개(약 80%), 비정서 585개(약 20%)의 데이터를 추출하였고, 2차 설문조사에서는 정서 2,269개(약 80.2%), 비정서 559개(약 19.8%)의 데이터를 추출하였다.

구분	정서 경험	정서1	정서2	정서3	정서4	정서5
20대	공원에 가서 남자친구와 벚꽃 구경하면서 커피 마시고 산책했던 일.	설렘	상쾌함	즐거움	사랑	기쁨
	지난 3년간 두려움으로 치과를 방문하지 못하였는데, 두려움을 이기고 치과에 방문하여 사랑니를 발치했다.	뿌듯함	만족감	편안함	극복	행복함
	토익 시험을 본 후 성적을 확인했는데, 공부한 만큼 성적이 나오지 않아서 목표했던 점수에 도달하지 못했다.	실망	좌절	슬픔	분노	포기
30대	바쁘게 일하면서도 직원들 간에 우애를 다지고 피곤해도 웃으면서 일했다.	힘듦	기쁨	행복	뿌듯	
	반려동물이 아픈 줄 알았는데 검진해 보니 건강해서 마음을 놓았던 경험.	걱정	염려	안도	사랑	
	꿈에서 번호를 보았다. 나는 꿈에서 깬 뒤 로또를 샀는데 당첨되지 않았다.	아쉬움	안타까움	슬픔		

표 16. 심리학적 감정 설문 기반 감정 데이터 구축 사례

출현 감정	용어 정제	정서/ 비정서	감정 정제 1차	감정 정제 2차	감정 정제 3차
간절	간절	정서	간절하다	불안	부정
간절함	간절함	정서	간절하다	불안	부정
갈급함	갈급함	정서	갈급하다	불안	부정
갈망	갈망	정서	갈망하다	불안	부정
감격	감격	정서	감격하다	감동	긍정
감격스러움	감격	정서	감격하다	감동	긍정
감격스럽다	감격	정서	감격하다	감동	긍정
감동	감동	정서	감동하다	감동	긍정
감동스러웠다	감동	정서	감동하다	감동	긍정
감동이었다	감동	정서	감동하다	감동	긍정
감동적	감동	정서	감동하다	감동	긍정
감동적이다	감동	정서	감동하다	감동	긍정
감동적이었다	감동	정서	감동하다	감동	긍정
감동적이였다	감동	정서	감동하다	감동	긍정
감동적임	감동	정서	감동하다	감동	긍정
감동했다	감동	정서	감동하다	감동	긍정
감탄	감탄	정서	감탄하다	감동	긍정
거만	거만	정서	거만하다	혐오	부정
통제	통제	정서	거부감	혐오	부정
듣고 싶지 않음	거부	정서	거부감	혐오	부정
듣기 싫음	거부	정서	거부감	혐오	부정
면접이 걱정됨	걱정되다	정서	걱정하다	불안	부정
미래에 대한 걱정	걱정되다	정서	걱정하다	불안	부정
미래의 걱정	걱정되다	정서	걱정하다	불안	부정

표 17. 심리학적 감정 설문 기반 감정 데이터 정제 사례

설문조사 결과 추출된 감정 데이터를 토대로 다시 감정 표현을 통일하는 정제 작업(감정 정제 1차)을 수행하였고, 이를 토대로 한국인의 감정 분류 체계에 대한 심리학적 연구를 진행하였으며, 결과적으로 다음과 같은 24가지의 감정 체계를 수립하였다. 여기에서 24개의 감정은 부정적인 감정 13개, 긍정적인 감정 10개, 중립 항목 1개로 구성된다.

구분	긍정	부정	중립
24 분류	사랑, 정, 행복, 설렘, 재미, 감동, 성취, 평안, 열정, 연민	불안, 슬픔, 우울, 분노, 공포, 혐오, 질투, 수치, 죄책, 권태, 심란, 섭섭, 놀람	중립

표 18. 심리학 연구 기반 감정 24 분류 체계

　부정 감정에는 불안, 슬픔, 우울, 분노, 공포, 혐오, 권태, 수치, 죄책, 놀람, 질투, 섭섭함, 심란함이 포함되어 있으며 긍정 감정에는 재미, 행복, 설렘, 사랑, 정, 연민, 감동, 성취, 평안, 열정이 포함되어 있다. 중립이라는 분류를 포함했지만, 중립은 특정 세부 감정을 지칭하는 것이 아니라 중립에 해당하는 감정을 포함하는 항목으로 규정하였다. '묘하다', '무덤덤하다' 등 감정어를 분류하고 평가하는 평가자 입장에서 쾌와 불쾌의 감정에 속하지 않는 감정 분류가 존재할 수 있기에, 중립 항목에는 특정 개별 감정을 대표로 선정하지 않고 평가자들이 중립적이라고 인식되는 감정어를 해당 항목에 추가하도록 하였다.
　부정 감정은 다음의 기준을 바탕으로 선정하였다. 부정 감정 중 불안, 슬픔, 분노, 혐오, 놀람은 문화와 관계없이 표출되는 기본 감정으로 파악되기 때문에 포함하였다.[53] 해당 기본 감정 외에도 한국인의 정서 구조를 파악한 연구 결과를 참고하여[54], 주요한 개별 감정으로 도출된 우울, 질투, 수치와 죄책을 추가하였다. 권태는 현대인이 많이 느끼는 감정으로 문화와 관계없이 현대인이 자주 경험하는 감정으로 파악되었고,[55] 한국인의 정서 구조를 파악한 연구에서도 개별적인 감정으로 도출된 바 있기에 포함하였다.[56] 또 답답하거나 심란한 상태와 같이 다양한 부정 정서가 혼합된 정서 경험을 '미분화 괴로움'이라는 정서군으로 지칭하며 해당 감정 경험에 대한 이해가 필요한 것으로 파악했다.[57] 따라서 미분화 괴로움에 속하는 개별 감정 중 요인부하량이 가장 높은 감정인 심란함을 부정 감정의 개별 정서로 포함하였다. 마지막으로 섭섭함은 한국인의 노년층에서 자주 느끼는 감정으로 중년, 장년, 노년 집단의 정서 차이를 이해하는 데 도움이 되는 감정인 것으로 나타나 추가하였다.[58]

긍정 감정에 속하는 10개의 감정은 다음과 같은 기준으로 선

---

[53] Ekman, P. "An argument for basic emotions". *Cognition & Emotion*, 6(3-4), 1992, pp.169~200; Izard, C. E. "Basic emotions, relations among emotions, and emotion-cognition relations." *Psychological Review*, 99(3), 1992, pp. 561~565; Lazarus, R. S., From Psychological Stress to the Emotions: A History of Changing Outlooks". *Annual Review of Psychology*, 44(1), 1993, pp. 1~21.

[54] 최해연·최종안, 「한국인의 정서 구조와 측정」, 『한국심리학회지: 사회성격』, 30-2, 한국심리학회, 2016, 89~114쪽.

[55] Chin, A., A. Markey, S. Bhargava, K. S. Kassam, & Loewenstein, G. "Boredom in the USA: Experience sampling and boredom in everyday life." *Emotion*, 17(2), 2017, pp. 359~368.

[56] 최해연·최종안, 「한국인의 정서 구조와 측정」, 『한국심리학회지: 사회성격』, 30-2, 한국심리학회, 2016, 89~114쪽.

[57] 최해연·최종안, 위의 글, 89~114쪽.

정하였다. 재미, 행복은 문화와 국가에 관계없이 파악되는 기본 감정으로 포함하였다.[59] 사랑, 성취, 평안, 감동은 한국 대학생과 직장인의 정서 구조를 파악한 연구에서 개별 감정으로 부각되는 것으로 나타나 포함하였다.[60] 또, 대학생과 직장인의 긍정정서 경험을 구별하는 긍정적 감정으로 열정, 정이 나타나 해당 2개의 감정을 포함하였다.[61]

가족과 같은 편안한 관계로부터 얻는 사랑이나 연인과 사랑에 빠지는 것과 같은 사랑은 구별될 수 있기에,[62] 설렘을 추가하였다. 연민의 경우, 연령에 관계없이 안녕감을 예측하는 주요한 요인이자, 현대인의 자신과 타인에 대한 관점 및 행동을 이해하는 주요한 감정인 것으로 나타나 포함하였다.[63] 마지막으로, 평온함은 한국인의 노년 집단이 자주 느끼는 감정으로 한국인의

---

58 김민희·민경환, 「노년기 정서경험과 정서조절의 특징」, 『한국심리학회지: 일반』, 23-2, 한국심리학회, 2004, 1~21쪽.
59 Ekman, P., "An argument for basic emotions." *Cognition & Emotion*, 6(3-4), 1992, pp. 169~200; Izard, C. E. "Basic emotions, relations among emotions, and emotion-cognition relations." *Psychological Review*, 99(3), 1992, pp. 561~565.
60 최해연·최종안, 위의 글, 89~114쪽.
61 최해연, 「한국의 대학생과 직장인이 경험하는 긍정정서의 구조」, 『한국심리학회지 사회 및 성격』, 26-4, 한국 사회 및 성격심리학회, 2012, 73~88쪽.
62 Shaver, P. R., H. J. Morgan & S. Wu. "Is love a 'basic' emotion?" *Personal Relationships*, 3(1), 1996, pp. 81~96.
63 Grühn, D., K. Rebucal, M. Diehl, M. Lumley, & G. Labouvie-Vief. "Empathy across the adult lifespan: Longitudinal and experience-sampling findings." *Emotion*, 8(6), 2008, pp. 753~765; 김완석·박도현·신강현, 「자기연민과 타인 연민, 마음챙김, 그리고 삶의 질: 대안적 인과 모형 비교」, 『한국심리학회지: 건강』, 20(3), 한국심리학회, 2015, 605~621쪽; Lim, D. & D. DeSteno. "Suffering and compassion: The links among adverse life experiences, empathy, compassion, and prosocial behavior." *Emotion*, 16(2), 2016, pp. 175~182.

정서 경험을 이해하는 데 도움이 되는 분류라고 판단하여 추가하였다.[64] 이러한 24개의 감정 분류 항목은 또한 어휘, 이미지, 문학작품, 드라마, 음성 등 다양한 영역에 나타난 감정 및 한국인의 일상 정서 경험을 포괄할 수 있도록 선정한 분류 체계이다.[65]

3) 감정 온톨로지 체계 구축 및 활용 프로세스 정립

학문 영역	형태	내용
언어	Text	국립국어원 우리말샘을 토대로 한 감정 형태소
문학	Text	근현대 문학작품 600여 건을 토대로 한 감정 포함 문장
미학	Image	영상콘텐츠를 토대로 한 감정 포함 이미지
심리	Text	20~30대 대상 설문조사를 통한 감정 경험 데이터
음성	Sound	연기자 30여 명을 토대로 한 감정 포함 음성
콘텐츠	Text	현대 드라마 36건을 토대로 한 감정 포함 대사+지문

표 19. 학문 영역별 감정 온톨로지 데이터 형태 및 구축 내용

이러한 분류 체계를 기반으로 구축된 감정 온톨로지 데이터는 형태의 측면에서 텍스트, 이미지, 사운드로 구성되어 있다. 언어학, 문학, 미학, 심리학, 음성학, 문화콘텐츠 등의 학문 영역 전문가들이 참여하고, 각 학문 영역의 감정 연구를 기반으로 데

---

[64] 김민희·민경환,「노년기 정서경험과 정서조절의 특징」,『한국심리학회지: 일반』, 23-2, 한국심리학회, 2004, 1~21쪽.

[65] 중앙대학교 인문콘텐츠연구소 인문학연구단의 24개 감정 분류 체계에 대해서는 "이유미·박지영·김바로,「한국어 감정 디지털 온톨로지 구축에 관한 연구」,『한국어 의미학』, 68, 한국어의미학회, 2020"에서 140~141쪽의 내용을 참조함.

이터를 설계하였다. 그리고 각 학문 영역에서 구축하는 감정 데이터를 통합하는 온톨로지 개념을 설계하였다.

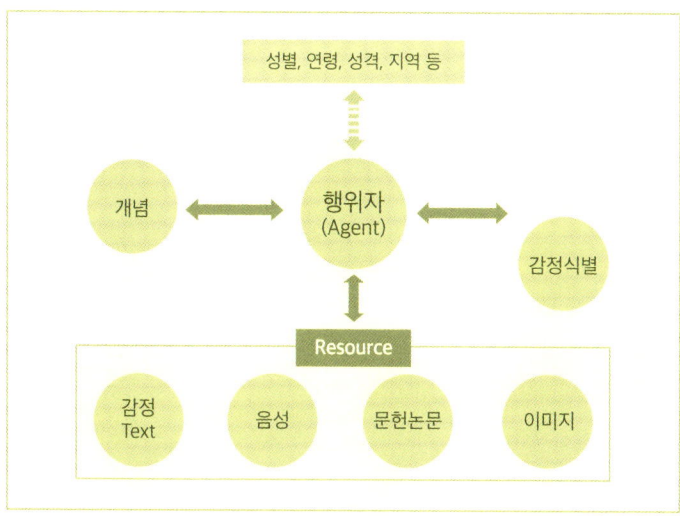

그림 8. 통합 감정 온톨로지 기본 개념도: 사람 정보

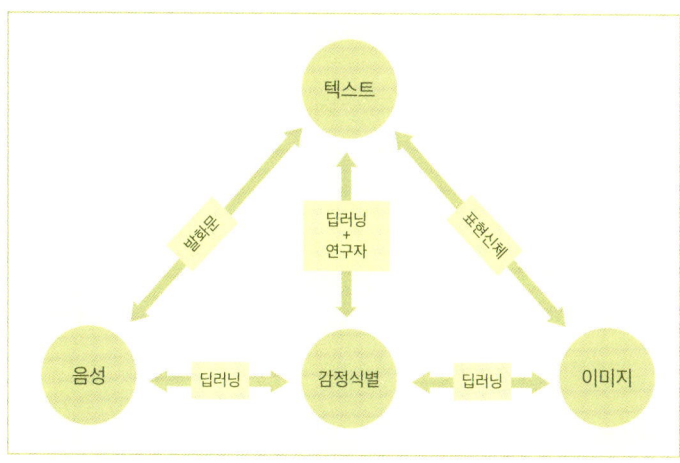

그림 9. 통합 감정 온톨로지 개념도 : 유형별 데이터 통합

이때 각 학문 영역의 특색을 살리면서도 모든 영역의 감정 데이터를 통합하는 온톨로지 개념으로는 '사람 정보(행위자, Agent)'에 주목하였고, 음성, 텍스트, 이미지 형태의 감정 데이터를 통합하는 온톨로지 개념은 '감정 식별'에 주목하였다. 이러한 기획을 바탕으로 〈그림 10〉과 같이 감정 온톨로지 데이터의 구축과 활용 프로세스를 구축하였다.

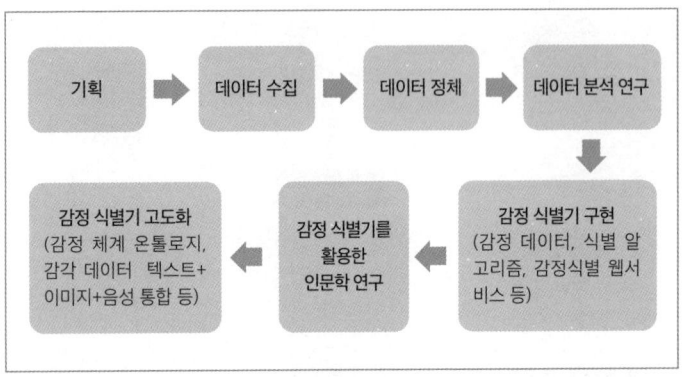

그림 10. 감정 온톨로지 데이터 구축 및 활용 프로세스

(3) 학문 영역별 감정 온톨로지 데이터 구축

1) 문학 영역 감정 온톨로지 데이터

문학 영역 감정 온톨로지 데이터는 심리학적 연구를 통해 감정 체계를 수립하는 과정과 함께 구축이 진행되었다. 문학 영역은 감정 표현에 관한 문학 전공자의 전문 연구를 토대로 온톨로지를 설계하였다. 문학 영역의 감정 온톨로지는 은유, 직유, 묘사 등 감정의 표현 방식, 감정이 표출되는 신체 부위, 감정을 표

출하는 인물 등 감정의 발화 양태를 중심으로 설계되었는데, 이러한 개념을 그림으로 살펴보면 다음과 같다.

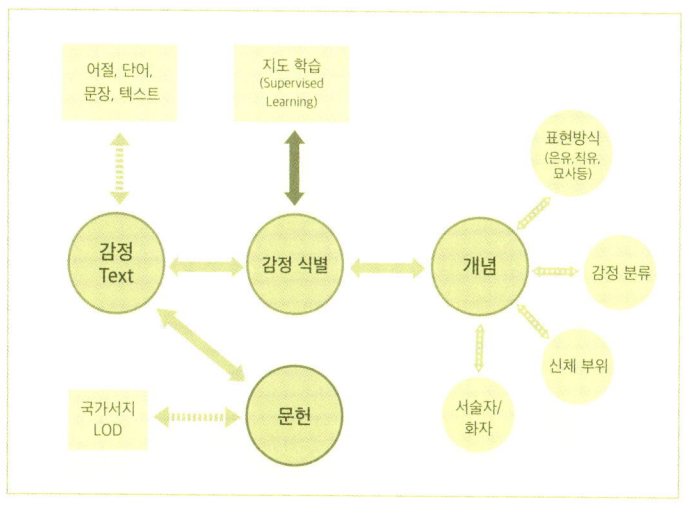

그림 11. 문학 영역 감정 온톨로지 기본 개념도: 감정의 발화 양태

① 데이터 기획

문학 분야의 감정 데이터 구축 대상으로 한국 근현대 소설 1,149건을 1차로 선정하였다. 이를 바탕으로 소설의 출판연도, 장·단편 구별, 작가의 성별, 작품이 쓰인 시대적 배경 등을 고려하여 선별 작업을 진행하였고, 최종적으로 600여 건의 작품을 구축 대상으로 선정하였다. 책 이름(작품명), 페이지, 문장 또는 텍스트의 입력 단위, 표현 구절, 주요 감정(2개 이상) 항목 등으로 데이터를 설계하였다. 그리고 다른 분야의 감정 온톨로지와의 연계 및 문학 분야의 감정 연구 등을 고려하여, 감정이 표출되는 신체 부위, 설명·묘사·비유 등의 감정 표현 양식, 서술자와 발

화자의 구분 등을 추가로 입력하도록 하였다.

② 데이터 수집 및 정제

600여 건의 근현대 소설 작품을 다양한 전공의 대학생들 16명이 읽고 감정을 포함한 구문 및 문장을 추출하고 주요 감정을 입력하였다. 문학 분야의 감정 데이터는 감정 체계를 수립하기 전에 구축을 시작하였기 때문에, 초기의 감정 데이터는 감정의 문화성을 고려하여 특별한 기준 없이 학생들 스스로 느끼는 감정을 입력하도록 하였다.

책 이름	페이지	입력 단위	표현 구절	주요감정 (2개이상)	신체 부위	표현 양식	서술 발화
B사감과 러브레터	79	문장	이 B여사가 질겁을 하다시피 싫어하고 미워하는 것은 소위 러브레터였다.	싫음 혐오	신체	묘사	서술자
B사감과 러브레터	80	문장	달짝지근한 사연을 보는 족족 그는 더할 수 없이 흥분되어서 얼굴이 붉으락푸르락, 편지 든 손이 발발 떨리도록 성을 낸다.	싫음 혐오 분노	얼굴 손	묘사	서술자
바위	313	문장	"엄마, 어디서 어째 지냈노, 어째 살았노……. 엉엉 엉……. 엄마……."	애수 슬픔	얼굴 입	설명	발화자
바위	313	문장	어미는 긴 덧니를 젖히며 자꾸 울기만 하였다. 피와 살은 썩어 가도 눈물은 역시 옛날과 변함없이 많았다.	애수 슬픔	얼굴	묘사 설명	서술자
발가락이 닮았다	22	문장	무슨 중대한 선고를 기다리는 사람과 같이, 눈을 푹 내리뜨고 나의 대답을 기다리고 있었습니다.	우울함 걱정	얼굴	직유 묘사	서술자

발가락이 닮았다	24	문장	언제든 음침한 기분이 떠돌던 그의 얼굴이, 그럴싸해서 그런지 좀 밝아진 듯하였습니다.	행복	얼굴	묘사	서술자
광염 소나타	53	텍스트	좌우간 심상스런 사람은 아니요, 방화범이나 도적으로밖에는 인정할 수 없지 않겠습니까? 그래서 꼼짝을 못하고 서 있노라니까	의심 공포	신체	설명	서술자
광염 소나타	53	텍스트	그 사람은 한숨을 쉽니다. 그리고 맥없이 두 팔을 늘이고 도로 나가려고 발을 떼려다가	안도 안심	입 팔 발	묘사	서술자

표 20. 문학 영역 감정 온톨로지 데이터 예시

〈표 20〉과 같이 1차적으로 구축된 문학 영역의 감정 데이터는 별도의 분류 체계를 마련하지 않았기 때문에 '흥, 흥겨움, 흥미, 흥미로움, 흥미 있음, 흥미진진함' 등 동일하거나 유사한 감정의 표현이 많았다. 감정의 종류가 총 1,888건에 이를 정도였기 때문에 감정 표현을 정제할 필요가 있었다. 이에 추출된 구절 및 문장에 주요 감정을 입력한 감정 데이터에 대하여 국어국문학을 전공한 대학원생 3명이 오탈자 등의 형식 검토와 감정 식별 타당성 등의 내용 검토를 수행하였다. 그 이후 자유롭게 입력한 감정 식별 판단을 문학 영역의 연구 책임자가 16가지로 분류된 감정체계로 전환하였다. 이렇게 정제된 문학 분야 감정 데이터의 양상은 〈표 21〉과 같다.

감정범주	긍정						중립
16분류	애정	재미	감동	성취	평안	열정	중립
출현 문장수	9,145	8,223	1,513	1,002	2,347	892	362
계	23,122						362

감정범주	부정							
16분류	불안	슬픔	분노	혐오	질투	수치	권태	심란	놀람
출현 문장수	17,613	15,410	13,534	5,671	1,981	3,981	4,000	3,538	7,358
계	73,086								

표 21. 문학 분야 분류체계별 감정의 출현 문장 수(단위: 개)

전반적으로 문학 분야 감정 데이터는 긍정보다 부정의 비중이 높았고, 긍정 중에서는 애정과 재미의 감정이, 부정 중에서는 불안, 슬픔, 분노, 놀람 등의 빈도가 높게 나타났다. 이는 한국 소설이라는 한국의 문화 맥락 속에서 발현되는 감정의 특징,[66] 일상 경험이 아닌 서사문학에서 발현되는 감정의 특징[67] 등이 반영된 것으로 파악된다. 이렇게 구축된 문학 영역의 감정 데이터는 감정 데이터 그 자체를 분석하는 연구, 문학 영역 감정 데이터를 토대로 감정 식별기를 구축하고 활용하는 연구 등에 활용되고 있다.[68]

---

[66] 최해연·최종안, 「한국인의 정서 구조와 측정」, 『한국심리학회지:사회성격』, 30-2, 한국심리학회, 2016, 89~114쪽.

[67] 임아영·최낙환, 「영화의 기대감정과 관객행동」, 『소비문화연구』, 16-3, 한국소비문화학회, 2013, 59~79쪽.

[68] 「문학 영역 감정 온톨로지 데이터 구축과 그 양상에 대해서」(2022)의 내용을 참조함.

2) 언어학 영역 감정 온톨로지 데이터

언어학 영역은 언어학 연구자의 전문 연구를 토대로 감정 온톨로지를 설계하고 데이터를 구축하였다. 언어학 영역은 디지털 감정어 사전이라는 형태의 서비스를 목적으로 감정 어휘를 수집하여 정리하였고, 유의어·반의어 등의 시소러스를 결합할 수 있는 온톨로지 체계를 마련하였는데, 이러한 언어학 영역의 감정 체계는 다음 그림과 같다.

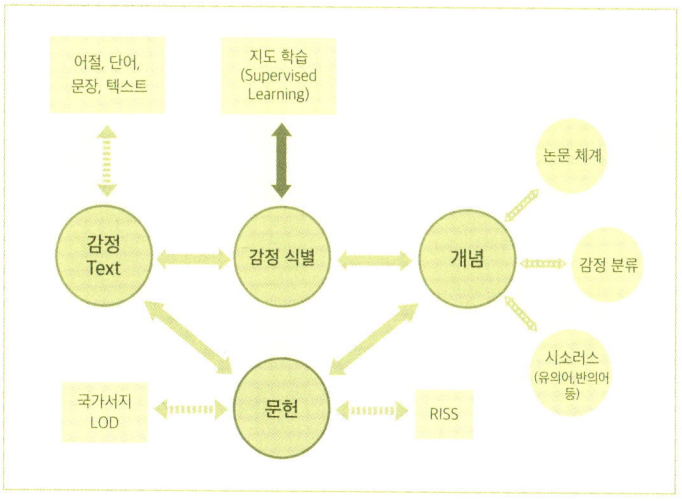

그림 12. 언어학 영역 감정 온톨로지 기본 개념도 : 감정 표현

① 데이터 기획

언어학 영역의 감정 온톨로지 데이터는 심리학 영역의 연구 결과를 토대로 24개의 감정 분류 체계를 기반으로 구축하였다. 텍스트 형태로 구축되는 문학, 문화콘텐츠 영역의 감정 데이터가 문장을 단위로 구축되는 것과 달리, 언어학 영역은 '감정어'

라는 단어 단위로 구축된 텍스트 데이터라는 점에서 차이가 있다. 이때 감정 어휘를 추출할 수 있는 기초 데이터로서 우리말샘을 선정하였다.

우리말샘은 어휘가 실제 생활에서 쓰이는 방식을 생생하게 담아 내는 것을 목적으로 국립국어원이 2016년 10월에 개통한 국민 참여형 국어사전이며 참여자가 직접 어휘를 등록할 수도 있다. 위키피디아처럼 실제 언어생활을 반영해 국민 누구나 뜻풀이, 발음, 방언, 용례 등 어휘 정보를 적을 수 있으며 신어, 생활어, 방언, 전문 용어를 비롯해 표준국어대사전의 두 배 규모인 100만여 개 어휘가 우선 등재됐다. 따라서 감정 어휘의 현재성을 가장 잘 반영한다고 판단되어 우리말샘을 언어학 영역 감정 온톨로지 데이터의 기초 데이터로 선정하였다.

② 데이터 수집 및 정제

언어학 영역 감정 데이터 수집 및 정제는 우리말샘 데이터 1,124,245건을 대상으로 진행하였다. 먼저 전문 분야 어휘와 방언 어휘를 제외하고, 감정 어휘를 추출하는 1차 분류 작업을 진행하였고, 1차 분류 작업 결과를 토대로 선정된 감정어를 교차 검증하여 24개의 감정 분류 체계로 분류하는 2차 분류 작업을 수행하였다.

1차 감정 어휘 분류 작업에서는 우리말샘에 등재되어 있는 1,124,245건의 어휘를 확보하고, 이 중에서 전문 분야와 방언에 해당하는 어휘를 제외하여 총 342,078개의 표제어를 추출하였다. 이를 중앙대학교 학부생 20명이 1인당 17,000여 개씩 할당하여 1차적으로 '감정어', '비감정어', 그리고 감정어와 비감정어를 구분하기 어려운 '불확실' 어휘로 분류하는 작업을 수행하였다. 그 결과 감정어는 20,284개, 비감정어는 319,834개, 불확실 어휘는 1,814개로 분류되었다.

다음으로 2차 감정 어휘 분류 작업은 1차 감정 어휘 분류 작업 결과로 추출된 감정어 20,284개를 대상으로 24개의 감정 분류에 따라 감정 어휘를 분류하였다. 국어학 전공 석·박사 1명과 학부생 4명으로 편성된 4개의 그룹을 구성하였으며, 각 그룹은 5,071개의 감정 어휘를 교차 검증하였고, 심리학 영역의 연구를 토대로 마련된 24개의 감정 분류 체계에 따라서 1차 감정을 입력하였다. 또 24개의 감정에는 포함되지 않지만 작업자가 인지한 감정을 2차 감정에 모두 표기하도록 하였다. 이때 각 감정에 대하여 감정 강도를 5점 척도로 함께 표기하도록 하였다.

감정 여부	감정명	출현수	변환 목표	비고
	기묘	1		
	화	3		
	가득함	1	비감정	
	가라앉음	1	비감정	
	가라앉힘	4	비감정	
	가벼움	9	비감정	
	가뿐	7	비감정	
	가소로움	19		
	가식	47		
	가여움	23	가엽다	
	가엾음	10	가엽다	

감정 여부	감정명	출현수	변환 목표	비고
	가증	16		
	가혹함	2		
	각성	9	비감정	
	각오	5	비감정	
	간곡	4	간곡	
	간곡함	2	간곡	
	간과	1		
	간교함	2	간사하다	
	간사	11	간사하다	
	간사함	4	간사하다	
	간섭	3	비감정	
	간절	720	간절하다	
	간절함	322	간절하다	
	갈등	16	비감정	
	갈망	13		
	갈증	1	비감정	
	감격	158	감격	
	감동	12	감격	
	감명	2	감격	
	감사	450		
	감탄	404		
	강경	2	비감정	태도
	강렬함	2		
	강압	2		

표 22. 언어학 영역 감정 온톨로지 데이터 정제 사례

1차, 2차 감정 어휘 분류 작업을 진행하면서, 감정어를 정제하는 작업도 함께 진행하였다. 각 단계마다 전문가의 교육을 선행하였고, 정제 작업 가운데도 전문가와 지속적으로 상호 교류할 수 있는 소통 방법을 활용하여 데이터의 정확도와 통일성을 높이고자 하였다. 그 과정에서 '고결', '경건', '경박', '견고', '거칠다' 등 태도나 상태를 나타내는 단어를 감정어로 생각하는 사례가 많다는 것이 확인되었는데, 이러한 단어의 경우 최종적으로 책임 연구자의 검수를 통해 비감정어로 분류하였다.

　2차 감정 어휘 분류 작업 및 감정어 정제 작업을 통해서 1차 감정 어휘 분류 작업 결과로 식별한 감정어 20,284개 중에서 219개의 비감정어를 추가로 식별하였고, 결과적으로 감정어(표제어)는 20,065개로 확정하였다. 그리고 1차 감정을 재검토하고, 2차 감정으로 출현한 1,273건의 감정 형태를 검토하여 175건의 감정 분류로 귀납하였다.

　1차 감정(24개 감정 분류)을 기반으로 166,361개, 2차 감정을 기반으로 75,324개의 표제어-감정 식별 세트의 데이터도 구축하였다. 그런데 2차 감정 어휘 분류 작업은 1개의 표제어마다 모두 5명의 작업자가 감정을 식별하였기 때문에 동일한 표제어에 대하여 동일한 감정을 입력한 중복 결과를 제외하였고, 최종적으로 1차 감정어(24개 기준 감정어)와 감정의 세트를 총 84,831개 구축하였다. 구축된 언어학 영역의 감정 데이터를 표제어의 품사별로 그 양상을 살펴보면 다음과 같다.

품사	표제어수	품사별 감정어 비율 (%)	표제어-감정 세트 수	평균 감정 강도
명사	8,380	1.55	35,205	3.3954
동사	6,049	28.57	26,802	3.3602
형용사	3,119	7.87	12,363	3.3254
부사	2,345	25.84	9,726	3.2711
감탄사	172	9.09	735	3.2402
총합계	20,065	14.59	84,831	3.3578

표 23. 한국어 감정어 양상

우리말샘의 각 품사별 감정어 비율은 동사가 28.57%로 제일 높고, 부사가 25.84%로 그 다음으로 높았다. 명사의 경우, 우리말샘의 품사별 개수가 많기에 비율이 낮은 점을 예상할 수 있으나, 감정이 발현될 것으로 예상되는 형용사와 감탄사의 경우, 감정어로 선택된 비율이 각 7.87%와 9.09%로 낮게 나타났다.

감정 유형	1차감정	표제어-감정 세트	감정 식별 개수	감정 식별수/세트	감정 강도 평균
부정	심란	8,219	14,499	1.76	3.5345
	불안	6,477	12,757	1.97	3.2051
	혐오	6,320	14,499	2.29	2.8899
	분노	5,883	13,948	2.37	3.2576
긍정	열정	4,892	9,142	1.87	3.5724
	정	4,328	8,224	1.90	3.7469
	행복	4,159	9,803	2.36	3.4948
부정	슬픔	4,006	10,191	2.54	3.6561
	우울	3,721	6,986	1.88	3.4785
긍정	사랑	3,631	7,139	1.97	3.5382
	평안	3,580	7,161	2.00	3.5068

부정	놀람	3,557	7,407	2.08	3.3466
긍정	재미	3,445	7,144	2.07	3.1698
	성취	3,189	5,234	1.64	3.4041
부정	공포	2,875	5,927	2.06	3.2212
긍정	감동	2,800	4,609	1.65	3.1664
	설렘	2,485	3,862	1.55	3.1284
부정	섭섭	2,200	3,202	1.46	3.5156
	수치	1,964	3,354	1.71	3.1159
긍정	연민	1,874	3,154	1.68	3.3656
중립	중립	1,682	2,101	1.25	3.4674
부정	권태	1,309	2,214	1.69	3.1143
	죄책	1,143	1,764	1.54	3.1429
	질투	1,092	1,828	1.67	3.1149

표 24. 한국어 기준 감정의 양상

감정어로 선택된 표제어에 대하여 24개 기준어로 평가자들에 의해 식별한 결과는 〈표 24〉와 같다. 감정 식별 개수는 해당 감정을 작업자가 식별한 모든 개수이며, 감정 식별수/세트는 표제어-감정 세트 개수 대비 감정 식별 개수이다. 5명이 한 그룹으로 작업을 진행하였기 때문에 개별 표제어마다 감정 식별수/세트의 최대값은 5이다. 감정 식별 개수와 감정 식별수/세트는 기본적으로 동일 표제어에 대하여 기준 감정어로 평가하였기에 각 표제어의 보편적 감정을 의미한다. 전반적으로 부정 감정이 긍정 감정보다 표제어에 대한 식별 빈도가 높으며, 부정 감정에 대한 평가자 인식의 보편성이 높은 편이다.[69]

이렇게 구축된 언어학 영역의 감정 데이터는 감정 온톨로지 품사 유형, 1차 감정과 2차 감정의 관련성 분석 등 감정 온톨로지 성격을 언어학적 기본 의미에 따라서 분석하는 연구, 감정어의 차원성과 복합적 층위에 대한 연구 등 언어학 세부 분야의 연구에서 활용되고 있다.

3) 문화콘텐츠 영역 감정 온톨로지 데이터

문화콘텐츠 영역의 감정 온톨로지 데이터는 한국의 대표적인 드라마를 대상으로, 드라마의 대본집과 영상을 교차 검증하면서 구축하였다. 문화콘텐츠 영역의 감정 온톨로지는 작가, 형식, 장르 등의 작품 외적 요소와 캐릭터(성별, 나이, 직업 등), 감정의 표출 부위 등의 작품 내적 요소를 고려하였다.

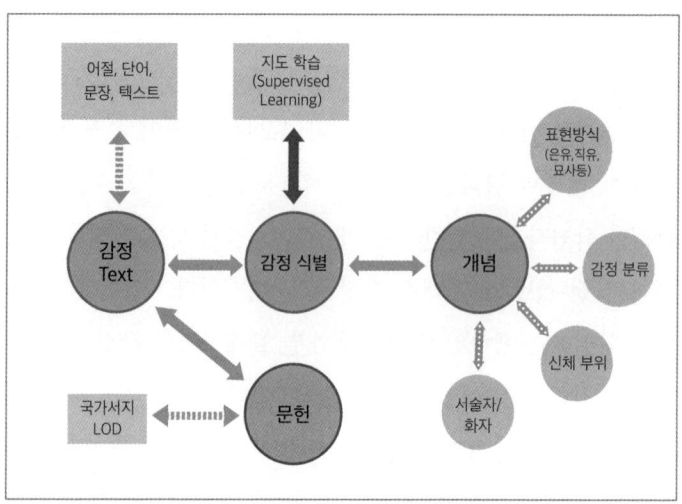

그림 13. 문화콘텐츠 감정 온톨로지 기본 개념도 : 감정의 발화 양태

---

69 언어학 영역 감정 온톨로지 데이터 구축 및 양상은 "이유미·박지영·김바로, 「한국어 감정 디지털 온톨로지 구축에 관한 연구」, 『한국어 의미학』, 68, 한국어 의미학회, 2020"의 내용을 참조함.

데이터 기획

콘텐츠 분야 감정 데이터는 장르, 연도, 작가 등을 고려하여 현대 드라마 36편을 구축 대상으로 선정하였다. 콘텐츠 분야 감정 데이터는 (대본집) 쪽수, 권, 회차, 캐릭명, 지문, 대사, 1차 기준 감정(1~5점), 2차 기준 감정(1~5점)의 항목으로 데이터를 설계하였다. 그리고 추후 문학 분야 감정 데이터 및 이미지 분야 감정 데이터와의 온톨로지 연계, 문화콘텐츠 분야의 감정 연구 등을 위하여 감정 표출의 신체 부위, 캐릭터 데이터(캐릭명, 성별, 연령, 역할, 성격, 인물 소개 등)를 입력할 수 있도록 하였다.

여기에서 1차 기준 감정은 앞서 선정한 24분류의 감정 체계를 기준으로 다중의 감정을 입력할 수 있도록 하였고, 괄호 안에는 1~5점의 감정 강도를 입력하도록 하였다. 2차 기준 감정은 작업자의 주관에 따라 24분류의 감정 체계에 포함되지 않는 다른 감정이 파악되면, 해당하는 감정명과 감정의 강도를 입력하도록 하였다.

데이터 수집 및 정제

선정된 36편의 드라마를 대상으로 문학전공 대학생 및 드라마 전공 석박사 등으로 구성된 11명의 관련 전공자들이 해당 드라마를 시청하면서 대본집에 감정을 체크하고, 설계된 감정 데이터 구축 틀에 내용을 입력하는 방식으로 감정 데이터를 구축하였다.

쪽수	권	회차	캐릭명	지문	대사	1차 감정 (1~5)	2차 감정 (1~5)	신체 부위
25	1	1회		놀란 아이들, 여기저기서 난리다. 짱 좋아요! 대세야! 등등		놀람 (3) 즐거움 (4)		얼굴
26	1	1회	백홍석	좋으면서	아유, 우리 딸은 꿈도 크지. 근데 국내에 아빠 같은 남자가 또 있을라나?	행복 (3) 즐거움 (4)		
27	1	1회	백홍석	놀란, 달리며	또오?	놀람 (2)	당황 (3)	몸
27	1	1회		놀란 황 반장, 짜장면 먹다가 엎혔다. 캑캑 사레가 걸렸다.		놀람 (4)	당황 (5)	얼굴
28	1	1회	황반장	캑캑. 아직도 사레 중	캑캑. 홍석아. 캑캑. 마음만 받으면 안 되것냐?	놀람 (3)	당황 (4)	얼굴
28	1	1회	백홍석	흥분을 가라앉히고 한숨을 한 번 쉬고	나요. 왼쪽 무릎 관절염에 오른쪽 허벅지는 하지정맥입니다. 계단 내려올 땐 옆으로 요렇게 내려옵니다.	분노 (2)	짜증 (4)	얼굴

표 25. 문화콘텐츠 감정 온톨로지 데이터 샘플(감정 입력)

캐릭명	성별	연령	역할1	역할2 (주연 or 조연)	성격 (주동 or 반동 or 중립)	인물 소개
백홍석	남성	42세	형사	주연	주동	서민아파트에서 아내와 딸과 함께하는 게 행복했던 가장이었으나 딸 수정이 사고로 죽임을 당하면서 모든 것이 무너졌다.
강동윤	남성	40대	국회의원	주연	반동	성공의 상징 같은 인물이나 실제로는 장인인 영한그룹 회장 서영욱의 기업경영을 정치적으로 돕는 마름에 불과하다.
백수정	여성	17세	고등학생	조연	중립	홍석의 딸, PK준의 차에 치어 사망한다.
송미연	여성	39세	전업주부	조연	주동	홍석의 아내. 딸이 죽으면서 모든 꿈이 깨져 버렸다.
서지수	여성	40대	아트홀 경영진	조연	반동	굴지의 재벌 서 회장의 딸이자 강동윤의 부인. 대중이 숭배하는 배우나 가수 등 스타들의 스폰서로서 침실에서 그들의 숭배를 받으며 대리만족하고 산다.
강민성	남성	10세	강동윤과 서지수의 아들	조연	중립	끝없이 갈등하는 부부를 헤어질 수 없게 만드는 존재이다.
서회장	남성	70대	한오그룹 회장	조연	반동	서지수의 아버지이자 강동윤의 장인. 자본주의의 매혹적 괴물. 평생을 일군 한오그룹을 아들 서영욱에게 승계하는 것이 생애 마지막 목표.

표 26. 문화콘텐츠 감정 온톨로지 데이터 샘플(캐릭터 입력)

이렇게 구축된 데이터는 작업자마다 감정 용어 또는 입력 형식이 상이하게 나타나는 경우가 많았고, 이에 대하여 통일하여 정제하는 작업을 문화콘텐츠 연구자가 직접 수행하였다. 예를 들어 '놀라서', '놀라운 척', '놀라움', '놀란', '놀람', '놀람(3)', '놀람 4', '놀람(4)', '놀랍', '놀럼', '당혹', '당황' 등 동일한 감정을 다르게 표현한 감정 데이터의 경우 감정 용어를 '놀람'으로 통일하였고, '분노(5)/놀람(5)', '분노5/놀람5', '분노(5)/놀람(5)', '분노5, 놀람5' 등 입력자에 따라 다른 감정 입력 형식이 다를 경우 '분노(5)/놀람(5)'으로 통일하였다. 이렇게 구축된 콘텐츠 분야 감정 데이터 구축 결과를 제시하면 〈표 27〉과 같다.

콘텐츠 분야 감정 데이터는 분노, 심란, 놀람, 불안 등의 감정 빈도가 상당히 높게 나타나고 있었다. 이는 앞선 문학 분야 감정 데이터와 마찬가지로 한국의 문화 맥락, 드라마의 장르적 특징, 서사문학에서 발현되는 감정의 특징 등이 반영된 것으로 파악된다. 다만 문학 분야 감정 데이터는 불안과 슬픔 등의 감정 빈도가 높았다면, 콘텐츠 분야 감정 데이터는 분노와 심란 및 놀람 등의 감정 빈도가 높게 나타나는 차이를 보여 주고 있는데, 이는 소설과 드라마의 양식적 차이에 기반한 것이 아닐까 생각된다.[70]

이렇게 구축된 문화콘텐츠 영역의 감정 데이터는 감정의 서사구조를 파악하는 작품론적 연구, 한국 문화콘텐츠의 작가별, 장르별 감정의 양상을 파악하고, 캐릭터별 감정 추출을 기반으로 한국형 감정 기반 캐릭터 유형을 정립하는 등의 유형론적 연구, 감정 딥러닝 모델을 구축하여 한국문화콘텐츠의 감정을 분석하는 연구 등 다양한 분야에서 활용되고 있다.

---

[70] 문화콘텐츠 영역 감정 온톨로지 데이터 구축과 그 양상에 대해서는 "김바로·강우규, 「한국 대중 서사 기반 감정 데이터 구축과 활용」, 『인공지능인문학연구』, 12, 중앙대학교 인문콘텐츠연구소, 2022"의 내용을 참조하였다.

감정 범주	24분류	출현 문장 수	총 합계
긍정	재미	4,193	24,557
	열정	3,259	
	사랑	3,215	
	정	3,214	
	행복	2,211	
	연민	2,016	
	평안	2,007	
	설렘	1,910	
	성취	1,517	
	감동	1,015	
부정	분노	15,889	68,005
	심란	11,279	
	놀람	10,891	
	불안	9,228	
	슬픔	5,742	
	공포	3,104	
	혐오	2,722	
	죄책	2,585	
	우울	2,319	
	섭섭	2,220	
	수치	909	
	질투	832	
	권태	285	
중립	중립	0	0

표 27. 콘텐츠 분야 분류체계별 감정의 출현 문장 수[71]

4) 미학 감정 온톨로지 데이터

미학 영역의 감정 데이터는 한국인의 표정과 동작 이미지에 대한 감정 식별을 중심으로 온톨로지화되었는데, 이를 살펴보면 다음과 같다.

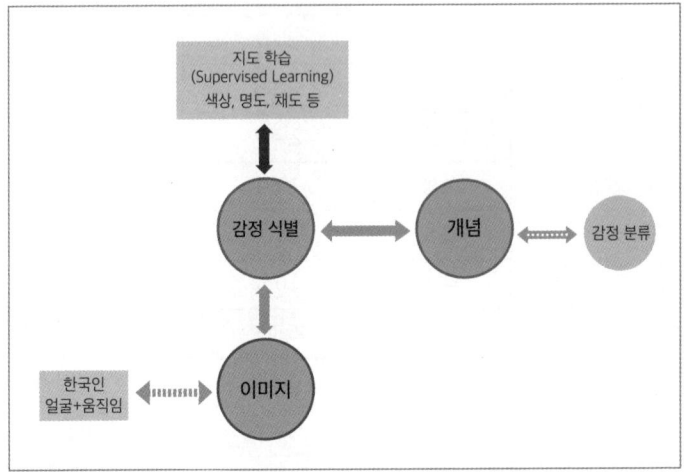

그림 14. 미학 영역 감정 온톨로지 기본 개념도: 한국인의 감정

데이터 기획

미학 영역 감정 온톨로지 데이터는 인공지능의 인간 감성 인식을 위한 기계학습용 데이터로 활용, 이미지에서의 인물 감정 표현 데이터 구축, 감정별 미학적 속성 연구 자료, 한국인의 감정 표현을 표상하는 독립적인 사진이미지 DB로 활용 등을 목적

---

71 현재 콘텐츠 분야 감정 데이터에는 '중립' 데이터가 존재하지 않는다. '중립'을 '감정 없음'으로 파악하였기 때문이다. 하나의 작품에서 23개의 감정이 표출되는 문장을 추출하여 데이터를 구축하였기 때문에, 해당 작품에서 '감정 없음'으로 판단하여 배제한 문장들을 '중립' 데이터로 보완하는 것도 가능할 것으로 생각된다.

으로 기획되었다.

이에 따라 미학 영역의 감정 온톨로지 데이터는 드라마, 다큐, 예능 분야에서 장르, 연도 등의 요소를 고려하여 감정 이미지 추출 대상을 선정하였다. 그리고 딥러닝 학습 데이터로 활용할 수 있도록 이미지 형식은 PNG로 통일하였고, 이미지 품질은 최소 1280×720, 100ppl, 500kb 이상을 확보하도록 하였다.

데이터 수집 및 정제

미학 영역 감정 온톨로지 데이터는 사진기록학 전공 작업자 4명을 섭외하여 구축하였다. 이들은 드라마, 다큐, 예능 영상에서 24개의 1차 감정이 표현되는 장면의 이미지를 추출하고 감정의 양상과 감정 강도를 입력하였다. 그리고 24개의 감정에 포함되지는 않지만 작업자가 감정이 표현된다고 파악하는 감정의 양상과 강도를 2차 감정에 보충하여 기입하도록 하였다.

또 문화콘텐츠 영역의 감정 온톨로지와의 통합 및 공동 연구 등을 위하여 동작/표정 구분, 캐릭터의 성별, 연령, 역할 구분 등 다양한 메타 항목을 입력하도록 하였다. 이러한 과정을 통해 미학영역의 감정 온톨로지 데이터는 50개 이상의 메타 항목을 갖는 엑셀 DB 형식으로 구축되었는데, 그 사례를 간략히 살펴보면 다음과 같다.

키 필드	이미지	파일명	캐릭터	표정&동작	1차 감정 분류	2차 감정분류	출처	회차
164	7435		SKY캐슬_11회_NonD	우양우	동작	정(3)/감동(3)	수줄음(2)	SKY 캐슬	11
165	7446		SKY캐슬_11회_NonD	김혜나	동작	감동(3)/정(3)	친절(2)	SKY 캐슬	11
166	7453		SKY캐슬_11회_NonD	진진희	동작	불안(2)/실망(1)	안쓰(2)	SKY 캐슬	11
167	7456		SKY캐슬_11회_NonD	우수한	동작	재미(3)/감동(2)	공감(3)	SKY 캐슬	11
168	7458		SKY캐슬_11회_NonD	우양우	동작	불안(3)/공포(1)	미안함(3)	SKY 캐슬	11
169	9628		SKY캐슬_11회_NonD	강준상	동작	질투/혐오(2)	못마땅함(3)	SKY 캐슬	11
170	9631		SKY캐슬_11회_NonD	강준상	동작	행복(5)/평안(2)	신남(4)	SKY 캐슬	11
171	7470		SKY캐슬_12회_NonD	김혜나	동작	질투/혐오(2)	증오(3)	SKY 캐슬	12
172	7481		SKY캐슬_12회_NonD	진진희	동작	감동(3)/정(2)	동경(3)	SKY 캐슬	12
173	7485		SKY캐슬_12회_NonD	진진희	동작	분노(3)/혐오(3)	괘씸함(2)	SKY 캐슬	12
174	7495		SKY캐슬_12회_NonD	황치영	동작	재미(3)/사랑(2)	친절(2)	SKY 캐슬	12
175	7506		SKY캐슬_12회_NonD	이수임	동작	감동(3)/사랑(1)	안심(3)	SKY 캐슬	12
176	7514		SKY캐슬_12회_NonD	강예서	동작	분노(3)/불안(1)	증오(2)	SKY 캐슬	12
177	7521		SKY캐슬_12회_NonD	한서진	동작	실망(3)/수치(3)	무관심(3)	SKY 캐슬	12
178	7523		SKY캐슬_12회_NonD	우수한	동작	우울(3)/슬픔(1)		SKY 캐슬	12
179	7524		SKY캐슬_12회_NonD	우수한	동작	속상(4)/슬픔(3)	피곤(2)	SKY 캐슬	12

표 28. 미학 감정 온톨로지 데이터 샘플

이렇게 구축된 미학 영역의 감정 온톨로지 데이터는 총 12,004건이며, 이 중 동작으로 구분된 데이터는 1,419건, 표정으로 구분된 데이터는 10,585건이다. 이를 24개의 감정 분류 체계에 따라서 제시하면 다음의 표와 같다.

		동작	
감정 분류	개수	감정 분류	개수
감동	273	감동	73
공포	304	공포	36

권태	447	권태	115
놀람	1,506	놀람	144
분노	2,220	분노	89
불안	1,923	불안	202
사랑	726	사랑	107
설렘	441	설렘	99
섭섭	563	섭섭	31
성취	230	성취	45
수치	276	수치	46
슬픔	800	슬픔	36
심란	1,792	심란	213
연민	281	연민	22
열정	519	열정	163
우울	452	우울	52
재미	1,321	재미	249
정	1,174	정	162
중립	658	중립	90
질투	166	질투	7
평안	345	평안	104
행복	852	행복	109
혐오	887	혐오	64
계	18,156	계	2,258

표 29. 미학 영역 감정 데이터 24개 감정 분류별 데이터 수

미학 영역 감정 온톨로지 데이터의 2차 감정은 총 67개의 종류로 분류되었다. 이러한 분류에 따른 감정의 양상을 표정과 동작으로 구분하여 살펴보면 다음과 같다.

감정 분류	개수	감정 분류	개수	감정 분류	개수	감정 분류	개수
간절	8	다급	44	신남	123	절박	57
걱정	528	단호	155	신뢰	6	조심스러움	41
경계	11	답답함	164	실망	99	존경	8
고뇌	32	당황	287	심각	42	증오	128
고마움	24	동경	37	안심	47	집중	175
고소	15	만족	18	안타까움	39	짜증	378
고통	57	멍함	33	애원	19	초조	110
곤란함	59	못마땅함	177	애증	8	친절	70
공감	72	무관심	18	어이없음	85	피곤	99
괘씸함	129	무시	82	억울함	122	한심	145
그리움	41	미안함	108	여유로움	52	허례	21
기겁	131	민망	58	외로움	6	허탈	31
기대	37	반가움	196	유쾌	88	호기심	194
기쁨	17	부러움	3	의심	70	황당	3
기죽음	53	비웃음	106	의아함	136	후회	60
기특	1	뿌듯함	28	자랑스러움	4	흥미	130
긴장	185	수줍음	27	자신감	58		

표 30. 미학 영역 감정 데이터 2차 감정의 양상-표정

감정 분류	개수	감정 분류	개수	감정 분류	개수	감정 분류	개수
간절	9	다급	8	신남	97	절박	9
걱정	40	단호	23	신뢰	0	조심스러움	2
경계	4	답답함	28	실망	8	존경	2
고뇌	34	당황	38	심각	2	증오	13
고마움	8	동경	10	안심	5	집중	51
고소	0	만족	3	안타까움	1	짜증	17
고통	7	멍함	4	애원	3	초조	25
곤란함	12	못마땅함	10	애증	0	친절	29
공감	11	무관심	9	어이없음	1	피곤	67
괘씸함	4	무시	2	억울함	11	한심	6
그리움	11	미안함	9	여유로움	26	허례	5
기겁	17	민망	14	외로움	1	허탈	6
기대	5	반가움	53	유쾌	16	호기심	40
기쁨	1	부러움	0	의심	7	황당	0
기죽음	1	비웃음	7	의아함	16	후회	8
기특	2	뿌듯함	3	자랑스러움	0	흥미	34
긴장	8	수줍음	13	자신감	16		

표 31. 미학 영역 감정 데이터 2차 감정의 양상· 동작

연령	등록 캐릭터 수	감정 수집 건수
0~9세	28	414
10~19세	41	657
20~29세	183	3,244
30~39세	127	2,372
40~49세	151	2,739
50~59세	65	739
60~69세	43	761
70~79세	24	616
80~89세	6	462
합계	668	12,004

표 32. 캐릭터 연령별 등록 캐릭터 및 감정 수집 건수

성별	등록 캐릭터 수	감정 수집 건수
남성	387	6,156
여성	281	5,848
합계	668	12,004

표 33. 캐릭터 성별 등록 캐릭터 및 감정 수집 건수

연령	성별	감정 수집 건수
0~9세	남성	258
	여성	156
10~19세	남성	259
	여성	361
20~29세	남성	1,474
	여성	1,770
30~39세	남성	1,034
	여성	1,333
40~49세	남성	1,570
	여성	1,169
50~59세	남성	463
	여성	271
60~69세	남성	240
	여성	521
70~79세	남성	355
	여성	261
80~89세	남성	457
	여성	5
합계		12,004

표 34. 캐릭터 성별 및 연령별 감정 수집 건수

이렇게 구축된 미학 영역의 감정 온톨로지 데이터는 '불로뉴의 실험',[72] '에크만의 실험'[73] 등 표정과 감정의 상관관계를 연구한 기존 견해의 검증에 활용될 수 있고, 감정 이미지 딥러닝 모델 구축을 통하여 미술사에 등장하는 인물들의 얼굴 표정이 어떤 감정을 표상하고 있는지, 화가들의 표정 묘사가 특정 감정과 부합하는지, 맥락을 알 수 없는 얼굴 이미지가 어떤 감정을 내포하고 있는지 등의 미학 연구에 활용될 수 있다.

5) 음성 감정 온톨로지 데이터

음성 감정 온톨로지 데이터는 인간의 음성과 텍스트를 연결하는 온톨로지 체계를 기반으로 한다.

---

[72] 전기 자극을 통해 표출된 특정 표정의 사진과 그 표정에 대한 감정을 규정한 실험으로, 이에 대한 내용은 「국부 전기자극과 그것의 생리학, 병리학, 임상학에의 적용에 대하여(l'Électrisationlocaliséeet de son application à la physiologie, à la pathologieet à la thérapeutique)」, 1855.; 「인간 표정의 메커니즘 혹은 조형예술에 적용할 수 있는 감정 표현의 전기 생리학적 분석(Mécanismede la physionomiehumaine, ou Analyseélectro-physiologiquede l'expression des passions applicable à la pratiquedes arts plastiques)」, 1862.; 「전기 실험과 임상 관찰로 입증된 움직임의 생리학 : 마비 및 기형 연구에 적용 가능성(Physiologie des mouvementsdémontréeà l'aidede l'expérimentationélectriqueet de l'observationclinique, et applicable à l'étudedes paralysieset des déformations)」, 1867" 등을 참고하라.

[73] 전 세계 곳곳의 사람들이 각각의 얼굴에 대해 동일한 감정의 단어를 일관되게 선택한다는 사실을 증명하면서 기본 감정이 존재한다고 파악함. 이에 대한 내용은 "Ekman, P., E. Richard Sorenson and Wallace V. Friesen. "Pan-Cultural-Elements-In-Facial-Display-Of-Emotion." Science, 164~3875, 1969, pp. 86~88"을 참고하라.

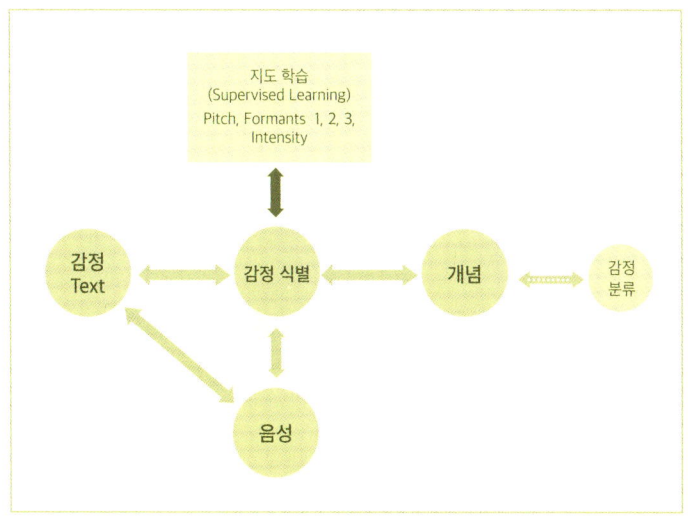

그림 15. 음성 감정 온톨로지 기본 개념도: 텍스트와 음성 연결

데이터 기획

음성 감정 온톨로지 데이터는 감정별로 전문 연기자의 감정 연기를 녹음하는 방식으로 구축되었다. 음성 영역에서는 24가지 감정의 음성을 녹음하는 것이 어렵다고 판단하고, 24가지 중 주요 감정 10개를 선정하였다. 음성 감정 10가지는 '슬픔', '행복', '분노', '불쾌하게 놀람', '두려움', '지루함', '우울', '냉소', '혐오', '중립'이다.

전문 연기자가 연기할 녹음 대본은 한국어 자음과 모음을 모두 포함하며, 의미상 중립적인 문장 52개를 음성학 연구자가 직접 작성하였는데, 2~4어절로 구성된 52개의 짧은 평서문과 의문문으로 구성되어 있다. 이렇게 작성한 대본의 예는 다음과 같다.

구분	녹음 대본 문장
1	딱다구리 가족이 살아요.
2	모래알이 반짝입니다.
3	큰 은행나무가 있어.
4	요리사가 피리를 불어요.
5	딸 셋, 아들 셋이라고?
6	흥부와 놀부가 형제라고?
7	엄마야 누나야 강변 살아요.
8	철쭉이 피었군.
9	은사시나무가 흔들려요.
10	파랑색 기와집에서 만나.

표 35. 음성 감정 데이터 녹음 대본 예시

데이터 수집 및 정제

음성 감정 데이터는 중앙대학교 연극학과에 재학 중인 15명의 남자 연기자와 15명의 여자 연기자를 선발하여 감정 연기를 녹음하여 구축하였다. 이때 선발된 30명의 연기자에게는 사전에 녹음 대본을 전달하여 연기자 스스로가 충분히 연습할 수 있는 시간을 갖도록 하였다. 녹음은 중앙대학교 녹음 스튜디오에서 음성학 연구자가 직접 개별적으로 진행하였다. 이때 연기자에게는 주어진 녹음 대본을 3차례에 걸쳐서 반복적으로 최대한 자연스럽게 연기하도록 요구하였고, 3번 발화한 것 가운데 문장별로 가장 음질이 좋은 것을 최종 데이터로 선정하였다. 이러한 과정을 거쳐 녹음한 결과 감정별 1,560문장, 총 15,600문장의 음성 데이터를 구축하였다.

  이러한 음성 감정 온톨로지 데이터는 발화에 내재된 감정의 음향음성학적 특징을 분석하는 연구, 이를 기반으로 기계학습을 위한 특징을 추출하여 한국어 발화에 나타난 감정을 분류할 수 있는 딥러닝 모델 구축을 위한 연구 등 다양한 분야에서 활용되고 있다. 인간의 감정에 대한 데이터 세트는 다양하게 구축되고 있지만 감정 연기를 수행할 수 있는 연기자를 선별하여 10개의 음성 감정 문장으로 데이터를 구축했다는 점에서 실제적이다. 이러한 음성 감정 데이터는 AI 스피커나 챗봇 등에서 사용자의 감정을 파악하기 위한 기초적인 데이터로 활용될 수 있고, 나아가 인간의 감정 음성 인식에도 널리 활용될 수 있으리라 기대한다.

4장

인공지능 인문데이터 분석의 실제

1장과 2장에서 살펴보았듯이, 인문데이터에는 고전 텍스트를 비롯하여 인간과 인간의 문화 전반을 다루는 언어, 문학, 역사, 철학 등 다양한 형태의 데이터가 있다. 한국어 데이터의 경우 한국인의 사고를 반영하는 데이터가 인문데이터가 될 수 있다.
 이처럼 한국어에 한정한 인문데이터도 다양하지만, 4장에서는 분석 기술과 연관하여 일부 실제를 보이고자 한다. 분석 기술에 초점을 맞출 경우 인문데이터는 그 형태에 따라 텍스트 데이터, 음성 데이터, 이미지 데이터 등으로 구분할 수 있다. 분석 기술은 데이터의 내용보다는 데이터의 형태에 따라 달라지기 때문에 4장에서는 텍스트(어휘), 음성, 이미지라는 데이터의 형태에 초점을 맞춰서 인문데이터 분석의 실제를 살펴보고자 한다.

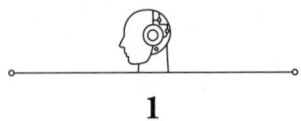

1
어휘 데이터의 분석

(1) 24개 감정에 기반한 한국어 감정 어휘 사전

우리말에는 사람의 감정을 표현하거나 사람의 감정과 연관된 단어가 많다. 예를 들어 '기쁨', '슬픔', '분노'는 사람의 감정을 직접적으로 표현한 단어들이고, '따분하다', '의아하다', '친근하다' 등은 사람의 감정을 직접 표현하지는 않지만 그 단어가 다양한 감정을 불러일으키는 단어이다.

이렇게 다양한 우리말 감정 단어를 체계적으로 파악하기 위해 중앙대학교 인문콘텐츠연구소에서는 한국인의 24가지 감정에 기반한 감정 어휘 사전을 구축하였다. 이 '24개 감정에 기반한 한국어 감정 어휘 사전'은 중앙대학교 인문콘텐츠연구소 홈페이지에서 누구나 내려 받아 사용할 수 있다.[74]

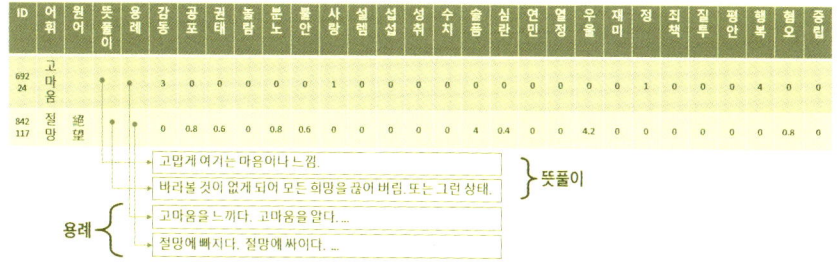

그림 16. '24개 감정에 기반한 한국어 감정 어휘 사전'의 구성

이 사전은 쉼표로 구분된 CSV^{Comma Separated Values} 파일 형태를 띠며, 총 29개의 항목으로 되어 있다. 〈그림 16〉은 감정 어휘 사전의 구성이다. 총 29개의 항목은 ID, 어휘(사전의 표제어), 원어(한자 표현이 있을 경우 한자를 삽입), 뜻풀이, 용례(있을 경우 삽입)와 24개의 감정 단어에 대한 감정값(0~5의 실수)이다. 24개의 감정 단어는 '감동', '공포', '권태', '놀람', '분노', '불안', '사랑', '설렘', '섭섭', '성취', '수치', '슬픔', '심란', '연민', '열정', '우울', '재미', '정', '죄책', '질투', '평안', '행복', '혐오', '중립'이다. 한국인의 24가지 감정으로 이 단어들을 선택한 이유에 대해서는 이유미 등(2020)의 논문에 자세히 나와 있다.[75]

〈그림 16〉을 보면 감정 단어에 숫자가 들어가 있는데, 이는 특정 감정 어휘가 가지는 복합적인 감정을 0부터 5까지의 숫자로 표현한 것이다. 0은 감정이 없는 것이고 5는 감정이 강한 것으로, 예를 들어 이 사전에서 '고마움'이라는 감정 어휘는 '감동'

---

74 http://aihumanities.org/ko/archive/data/?vid=4
75 이유미·박지영·김바로, 「한국어 감정 디지털 온톨로지 구축에 관한 연구」, 『한국어 의미학』, 68, 2020.

이라는 감정이 3, '사랑'이라는 감정이 1, '정'이라는 감정이 1, '행복'이라는 감정이 4로 정의되어 있다.

한편 뜻풀이와 용례는 일반인이 함께 만들고 모두가 자유롭게 사용할 수 있는 열린 우리말 사전인 '우리말샘'의 뜻풀이와 용례를 가져왔다.[76]

여기서는 '24개 감정에 기반한 한국어 감정 어휘 사전'을 어떻게 구축하였는지와 이 감정 어휘 사전을 이용하여 문장에 내재한 감정을 어떻게 인식할 수 있는지를 살펴본다.

(2) 감정 어휘 사전 구축 절차

중앙대학교 인문콘텐츠연구소의 '24개 감정에 기반한 한국어 감정 어휘 사전'은 2단계에 걸쳐 구축되었다. 우선 첫 번째 단계에서는 우리말샘에 수록된 1,124,245개의 표제어를 수집하고, 이 중 사투리나 전문용어로 분류된 항목을 제외한 342,078개의 표제어를 선별하였다. 그 뒤 대학생 20명을 고용하여 342,078개의 표제어를 '감정어', '감정어가 아님', '불확실함' 중 하나로 분류하였다. 학생 1명이 약 17,000개 단어의 작업을 진행하여 분류한 결과 20,284개의 단어가 감정 단어로 분류되었고, 319,834개의 단어가 감정 단어가 아닌 것으로 분류되었으며, 나머지는 불확실한 것으로 분류되었다.

---

[76] https://opendict.korean.go.kr/main

이어 두 번째 단계에서는 20,284개의 감정 어휘에 24개 감정 단어의 감정값(0에서 5까지의 강도)을 부여하는 작업을 진행하였다. 이를 위해 국문학을 전공한 대학원생 4명과 학부생 16명을 고용하여 20,284개의 감정어에 대한 24개의 감정값을 평가하도록 하였다. 이때 대학원생 1명과 학부생 4명, 총 5명의 학생이 한 그룹을 구성하여 각 그룹이 감정 어휘 약 5,000개를 평가하도록 하였다. 그룹 내 학생들은 독립적으로 감정값을 평가하는 작업을 진행하였다.

학생들은 다음과 같이 감정 어휘의 24개 감정값을 평가하였다. 먼저 어휘(표제어), 뜻풀이, 용례를 검토하여 주어진 어휘가 실제로 감정 어휘인지 아닌지를 판단하였다. 이 작업은 첫 번째 단계에서 수행한 감정 어휘 여부를 다시 확인하기 위해 수행하였다.

이어 학생들은 감정 어휘로 평가된 어휘에 대하여 24개의 감정 단어 중에서 하나 이상의 연관된 감정을 선택하고, 연관된 감정 단어의 강도를 1~5점 척도를 사용하여 평가하였다. 1점은 가장 약한 감정을, 5점은 가장 강한 감정을 나타낸다. 연관되지 않은 감정 단어에 대해서는 0의 감정값이 자동으로 부여되었다.

그룹별로 5명의 학생이 하나의 감정 어휘에 대하여 24개 감정 단어의 감정값을 평가하였다. 결국 감정 어휘별로 5명분의 감정값을 수집하였는데, 일부 감정 어휘에 대해서는 학생들이 평가를 제대로 하지 않아 감정값이 누락되는 경우가 있었다. 따라서 감정 어휘 사전의 품질을 유지하기 위해 3명 미만이 감정값을 정의한 어휘를 삭제하고(즉, 3명 이상이 감정값을 부여한 어휘만을 선택), 총 17,464개의 감정 어휘를 '24개 감정에 기반한 한국어 감정 어휘 사전'의 표제어로 선정하였다. 결국 감정 어휘는 적게는 3명, 많게는 5명이 평가한 24가지 감정 단어에 대한 감정값을 가지고 있는데, 개별 어휘에 대하여 감정 단어별로 감정값의 산술 평균을 구하여 최종 감정값으로 사전에 실었다.

앞서 '(1) 24개 감정에 기반한 한국어 감정 어휘 사전'에서 설명한 것처럼 최종 감정 어휘 사전은 다음과 같은 항목으로 구성된다. ID, 어휘(표제어), 원어(한자 표현이 주어지는 경우), 뜻풀이, 용례(주어지는 경우), 그리고 24개의 감정 단어에 대한 감정값(산술 평균값)이다. 감정 단어의 감정값은 0.0에서 5.0까지의 실수이다.

24개 감정 단어의 감정값에 대한 학생 3~5명의 평가 일치도를 크리펜도르프의 알파Krippendorff's Alpha[77]를 이용하여 계산한 결과, 17,424개의 표제어에 대한 평균 알파 신뢰 계수가 0.402로 나타났다. 크리펜도르프의 알파는 -1에서 1 사이의 값을 가지며, 1은 완벽한 일치, 0은 우연 이상의 일치가 없음, 음의 값은 역일치를 나타낸다.[78]

(3) 감정 어휘 사전을 활용한 감성 분석

1) 감성 분석

감성 분석Sentiment Analysis은 텍스트, 음성, 이미지 등 다양

---

[77] Krippendorff, K. *Content Analysis: An Introduction to Its Methodology*, Thousand Oaks, CA: Sage, 2004.

한 데이터에서 감성(긍정적, 부정적, 경우에 따라서는 중립적 감성)을 파악하는 정보처리 기술이다. 특히 텍스트에 대한 감성 분석은 단어, 문장, 문단 또는 문서가 긍정적인 느낌을 갖는지, 부정적인 느낌을 갖는지를[79] 컴퓨터가 자동으로 판단하는 기술이다. 이는 온라인 리뷰나 소셜 미디어 플랫폼에서 발견되는 브랜드, 제품, 서비스에 대한 고객 의견을 분석하는 데 자주 사용된다.

텍스트 감성 분석은 크게 기계학습을 이용한 방법과 감정 어휘 사전을 이용한 방법으로 나뉜다. 기계학습을 이용한 방법은 대량의 데이터로부터 감성 분류 기계학습 모델을 구축하여 자동으로 감성을 분류하는 방법이고, 감정 어휘 사전을 이용한 방법은 수치화된 감정 어휘를 이용하여 수치화된 감성값으로 긍정과 부정을 판단하는 방법이다.

여기서는 '24개 감정에 기반한 한국어 감정 어휘 사전'과 그 밖의 한국어 감성 사전 2개를 이용하여 감정 어휘 사전에 기반한 감성 분석 방법을 살펴본다. 이를 위해 네이버 영화평 데이터를 이용하여 해당 영화평이 긍정적인 감성을 가지는지 부정적인 감성을 가지는지를 분류하는 실험을 진행한다.

2) 실험 방법

먼저 감정 사전 기반 감성 분석 실험에 사용할 데이터로 네

---

[78] Zapf, A., S. Castell, L. Morawietz, and A. Karch. "Measuring inter-rater reliability for nominal data-Which coefficients and confidence intervals are appropriate?" *BMC Medical Research Methodology*, vol. 16, no. 93, 2016, pp. 1~10.

[79] 경우에 따라서는 텍스트가 중립적인 느낌을 갖는지도 판단한다.

이버 영화평 데이터 세트NSMC: Naver Sentiment Movie Corpus v1.0를 확보하였다.[80] 네이버 영화평 데이터 세트는 ID, 영화평, 레이블(긍정인지 부정인지를 표시한 레이블)의 항목을 가지며, 학습 데이터 15만 개, 테스트 데이터 5만 개 등 총 20만 개의 영화평 데이터로 구성된다. 모든 영화평은 140자 이하이다.

이 영화평 데이터의 결손 데이터와 중복 데이터를 제거하고 145,246개의 훈련 데이터와 48,793개의 테스트 데이터로 나누어 감성 분석 실험을 진행하였다. 실험을 위해 KoNLPy[81]라는 형태소분석기를 사용하여 각 영화평의 텍스트의 형태소를 취득하였다. 일반적으로 사전dictionary 기반 감성 분석에서는 데이터 세트를 훈련 데이터와 테스트 데이터로 나누지 않지만, 이 실험에서는 영화평의 긍정/부정을 나누는 임곗값을 설정하기 위해 테스트 데이터를 사용하였다.

실험에 사용한 감정/감성 사전은 3가지로 ① 중앙대학교 인문콘텐츠연구소에서 개발한 '24개 감정에 기반한 한국어 감정 어휘 사전'[82], ② 군산대학교에서 개발한 'KNU 한국어 감성 사전'[83], ③ 서울대학교에서 개발한 'KOSAC 감정 어휘'[84]이며 각

---

[80] https://github.com/e9t/nsmc
[81] https://konlpy.org/en/latest/
[82] http://aihumanities.org/ko/archive/data/?vid=4, 이유미·박지영·김바로,「한국어 감정 디지털 온톨로지 구축에 관한 연구」,『한국어 의미학』, 68, 2020, 131~162쪽. / Cho. Heeryon "Comparison of Three Korean Sentiment/Emotion Word Dictionaries." 2023 International Conference on Big Data and Smart Computing.
[83] http://dilab.kunsan.ac.kr/knusl.html, 박상민·나철원·최민성·이다희·온병원,「Bi-LSTM 기반의 한국어 감성 사전 구축 방안」,『지능정보연구』, 24(4), 한국지능정보시스템학회, 2018, 219~240쪽.

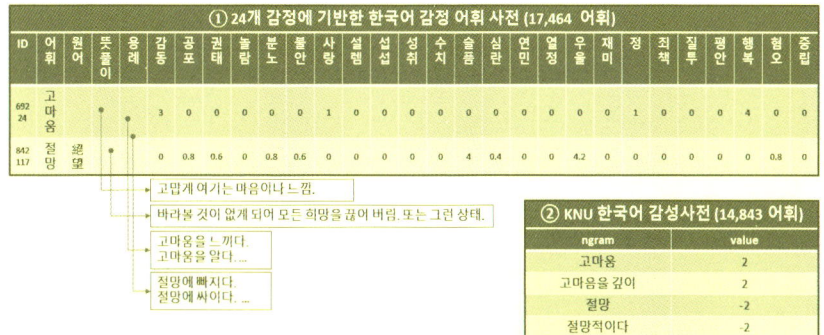

그림 17. 3가지 감정/감성 사전의 비교

각의 감정/감성 어휘 수는 17,464개, 14,843개, 16,362개이다. 3가지 감정/감성 사전이 어떻게 다른지를 〈그림 17〉에 제시한다. 〈그림 17〉에 제시된 것처럼 각 사전의 구조가 다르기 때문에 사전마다 다음과 같은 절차를 밟아 감정/감성 어휘의 감성값을 구하였다.

- **24개 감정에 기반한 한국어 감정 어휘 사전**: 감정 어휘 중 부정적인 감정 단어의 감정값에 -1을 곱하여 음수로 만들고, 0이 아닌 모든 감정값을 더한 후 0이 아닌 감정값의 개수로 나눴다. 여기서 부정적인 감정 단어는 '공포', '권태', '놀람', '분노', '불

---

84 http://ling.snu.ac.kr/kosac/index.php. 김문형·장하연·조유미·신효필, 「KOSAC (Korean Sentiment Analysis Corpus): 한국어 감정 및 의견 분석 코퍼스」, 『한국정보과학회 학술발표논문집』, 한국정보과학회, 2013, 650~652쪽.

안', '섭섭', '수치', '슬픔', '심란', '우울', '죄책', '질투', '혐오'의 13개이다. 예컨대 감정 어휘 중 '고마움'의 감정값은 3+1+1+4 나누기 4로 2.25이다. 이렇게 구한 단일 감정값을 감성 분석에 사용하였다.

- **KNU 한국어 감성 사전**: 사전이 정의한 -2에서 2 사이의 감성값을 그대로 사용하였다. 예컨대 '고마움'의 감정값은 2이다.
- **KOSAC 감정 어휘**: 감정 어휘의 부정(NEG), 긍정(POS) 항목에 정의된 감정값을 활용하였다. 부정값에 -1을 곱하고 긍정값은 있는 그대로 사용하여 이 두 값을 더하여 입력 단어의 최종 감성값을 얻었다. 예컨대 '고마움/NNG'의 감정값은 1이다.

이렇게 정의한 감성값으로 네이버 영화평의 감성 분석을 진행하였다. 앞서 네이버 영화평에 대하여 형태소분석을 실시하여 형태소를 취득하였다고 했는데, 각 영화평의 형태소 중에서 감정/감성 사전 어휘가 있는지를 확인하고, 만약 사전에서 일치하는 감정/감성 어휘가 있으면 그에 해당하는 감성값을 추출하였다. 그리고 영화평별로 추출한 감정 어휘 감정값의 산술 평균을 구하였다. 예를 들어 "이 영화 짜증나"라는 영화평이 있다면, 여기서 추출한 '영화'와 '짜증'이라는 형태소가 감정/감성 사전에 있는지를 확인하고 감정값을 추출하였다. 그리고 가령 중앙대학교 감정 어휘 사전을 사용할 경우, '짜증'이라는 감정 어휘가 -1.875로 정의되어 있기 때문에[85] 중앙대학교 감정 사전을 이

---

[85] 중앙대학교 감정 사전에서 '짜증'의 단일 감정값은 (-3.25)+(-0.50) ÷ 2로 -1.875이다.

용한 이 영화평의 감성값은 -1.875가 된다. 이 영화평에서 '영화'라는 형태소는 감정 어휘가 아니기 때문에 감성 분석에 이용되지 않는다.

이렇게 3종류의 감정/감성 사전을 이용하여 감성값을 계산하고 나면 이 감성값이 긍정인지 부정인지를 판단해야 한다. 이때 필요한 것이 긍정과 부정을 가르는 임곗값이다. 일반적으로 0을 기준으로 긍정 감성과 부정 감성이 나뉘는데, 다양한 감정/감성 어휘가 텍스트에 혼재되어 있기 때문에, 실제로 감정/감성 사전 기반의 감성 분석을 진행할 때 최적의 임곗값은 -0.1이 될 수도 0.2가 될 수도 있다. 이에 이 실험에서는 테스트 데이터를 사용하여 최적의 임곗값을 결정하였다. 최적의 임곗값은 감정/감성 사전별로 1에서 -1까지 0.1 단위로 다양한 값을 조사하였다. 그리고 임곗값이 결정되었으면 훈련 데이터로 감성 분석 성능을 평가하였다. 결국 세 사전 모두에 대하여 주어진 영화평의 감성값이 임곗값보다 크면 긍정 영화평으로, 임곗값보다 작으면 부정 영화평으로 분류하였다.

3) 실험 결과

감정 사전 기반 감성 분석에서는 감정/감성 어휘를 식별하는 것이 중요하다. 이에 먼저 네이버 영화평에서 3종류의 감정/감성 사전의 단어 일치 정도를 분석하였다. 〈표 35〉에 사전별로 감정/감성 어휘가 1개 이상 일치하는 영화평 훈련/테스트 데이터의 개수와 전체 훈련/테스트 데이터에 대한 비율을 비교한 결과를 제시했다.

전체 14만 5천여 개의 훈련 데이터 중 서울대 KOSAC 감정 어휘가 가장 많은 13만 5천여 개의 데이터(93.2%)에서 1개 이상의 감정 어휘가 일치한다.

감정/감성 사전, 데이터	훈련 데이터 수 (%)	테스트 데이터 수 (%)
네이버 영화평 데이터	145,246	48,793
중앙대 감정 어휘 사전	84,056(57.9)	28,193(57.8)
군산대 KNU 감성 사전	93,908(64.6)	31,428(64.4)
서울대 KOSAC 감정 어휘	135,432(93.2)	45,388(93.0)

표 35. 감정/감성 어휘를 포함하는 데이터의 개수

〈표 36〉은 영화평 데이터에서 실제로 일치한 감정/감성 어휘의 개수를 비교한 것이다. 감정/감성 사전 속 감정/감성 어휘의 약 7~15%가 영화평의 감정/감성 어휘와 일치하는 것을 알 수 있다. 영화평 데이터와 일치한 감정/감성 어휘 중 3종류의 사전에 동일하게 등재된 감정/감성 어휘는 '감동', '걱정', '감사', '바보', '성공', '우울', '질투', '칭찬', '충격' 등이다. 한편, 3종류의 감정/감성 사전을 통틀어 영화평 데이터의 형태소와 일치한 단어의 수는 모두 4,645개였다. 이는 세 사전의 감정/감성 어휘의 일치 정도가 영화평 데이터 세트에 대하여 뚜렷하게 구분된다는 것을 나타낸다.

〈표 37〉에서는 본격적으로 임곗값을 활용한 감정/감성 사전 기반 감성 분석 성능을 비교한다. 감정/감성별로 테스트 데이터

감정/감성 사전 (크기)	훈련 데이터 속 단어 수 (%)	테스트 데이터 속 단어 수 (%)
중앙대 감정 어휘 사전 (17,464)	1,769(10.13)	1,354 (7.75)
군산대 KNU 감성사전 (14,843)	1,387(9.34)	1,189 (8.01)
서울대 KOSAC 감정 어휘 (16,362)	2,582(15.78)	2,332 (14.25)

표 36. 영화평 속 단어 중 감정/감성 사전 어휘와 일치하는 단어의 개수

감정/감성 사전 (감정/감성 어휘를 포함하는 데이터의 개수)	정확도 (%)	임곗값
중앙대 감정 어휘 사전(84,056)	61.0	-0.2
군산대 KNU 감성 사전(93,908)	68.5	0.5
서울대 KOSAC 감정 어휘(135,432)	51.8	0.6

표 37. 감정/감성 어휘를 포함하는 영화평 데이터에 대한 3가지 감정/감성 사전의 감성 분석 성능 비교

를 이용하여 긍정과 부정을 가르는 임곗값을 설정한 후 훈련 데이터의 감성 분석 성능을 살펴보았다. 성능 평가를 위해 긍정 영화평을 긍정 영화평으로, 부정 영화평을 부정 영화평으로 올바르게 분류한 결과를 세어 감성 분류의 정확도를 측정하였다. 이때 감정/감성 어휘를 전혀 포함하지 않는 영화평은 성능 비교 시 제외하고, 감정/감성 어휘가 1개 이상 포함된 영화평 데이터에 대해서 감성 분석 정확도를 측정하였다.

〈표 37〉과 같이 3종류의 감정/감성 사전 기반 감성 분석의 정확도는 51~68%였다. 긍정 영화평과 부정 영화평이 반씩 있을 때 영화평의 긍정/부정 감성을 우연히 맞힐 확률은 50%이다.[86] 그러한 측면에서 〈표 37〉의 결과는 우연보다는 조금 더 나은 감성 분석 성능이라 할 수 있다. 그러나 기계학습 모델을 이용한 감성 분석과 비교했을 때, 감정/감성 사전 기반 감성 분석의 성능이 현저히 떨어지는 것이 사실이다. 다만 어떤 어휘가 분석 대상 분야(여기서는 영화평)에서 감성 어휘로 활용되고 있는지를 파악하는 데는 감정/감성 사전에 기반한 감성 분석이 도움이 된다. 또 3종류의 사전을 모두 통합하여 사전 기반 감성 분석을 수행한다면, 일치하는 감정/감성 어휘가 많아져 조금 더 나은 감성 분석 성능을 기대할 수 있다.

---

[86] 반듯한 동전을 던졌을 때 양면 또는 뒷면이 나올 확률과 동일하다.

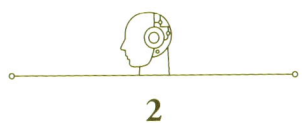

2

음성 데이터의 분석

인공지능 기술의 눈부신 발달로 인공지능 기반 데이터 분석 및 해석은 여러 연구 분야에서 성공적으로 적용되어, 보다 다양한 영역에서 주요한 데이터 접근방식으로 그 역할이 점점 확대되고 있다. 본 장에서는 인문데이터해석학 분야 가운데 인공지능 기술을 활용한 음성 감정 인식 분야를 중심으로 인간의 감정과 관련한 데이터 해석 및 관련 이슈를 다루고자 한다. 아울러 음성 감정 인식 연구에 필수적인 감정 데이터베이스의 유형 및 구축 과정을 소개할 것이다. 나아가 인간 중심적 데이터 해석과 접근 방안을 다루고자 한다.

본 장의 핵심어 가운데 하나인 음성 감정 인식이라는 용어가 익숙하지 않은 독자를 위해 먼저 용어에 대한 이해를 돕는 것에서 출발하겠다. 음성 감정 인식은 음성으로 표현된 말소리를 듣고 화자speaker의 감정 상태를 파악하는 것으로 말의 내용과는 무관하게 순전히 음성에 의존하는 것이다. 달리 말하면 음성 감정 인식은 화자의 목소리의 강도intensity, 음도pitch, 말의 속도 등 음향적 특성에 기반하여 분석한다. 일부 독자는 아마도 "가끔은 친구는 고사하고 나도 내 감정을 모르는데 기계가 내 말소리만으로 내 감정을 알 수 있다고?"라며 의아해할 것이다.

  기계의 감정 인식은 인간 청자listener처럼 화자의 어투 및 어조 등을 통해 감정을 직관적으로 느끼고 알아차리는 것이 아니라, 음성 감정 데이터를 사용하여 감정별로 음향적 특성에 대한 학습단계를 거쳐 실전에 적용하는 것이라 할 수 있다. 실전에서 기계의 감정 인식은 화자의 감정을 카테고리별로 분류한다. 예컨대 기계의 감정 인식 결과는 '행복' 70%, '슬픔' 15%, '분노' 10%, '놀람' 5%와 같이 감정 카테고리별 인식률로 나타낸다. 따라서 기계 감정 인식에서 목표 감정을 하나의 감정 카테고리로 인식하는 비율이 높을수록 사용한 알고리즘의 성능이 뛰어난 것이다. 즉 목표 감정 '행복'을 표현한 음성 데이터에 대해 '행복' 인식률이 90%에 달하는 경우 70%의 '행복' 인식률을 보인 알고리즘에 비해 성능이 상대적으로 우수하다고 할 수 있다.

  이 장에서는 음성 감정 인식 연구의 첫 관문인 음성 감정 데이터 수집 및 활용 사례 소개에 초점을 맞추고자 한다. 먼저 음성 감정 인식을 처음 접하는 독자의 음성 감정 인식에 대한 개괄적 이해를 돕고자 한다. (1)에서는 본 연구소에서 구축한 한국어 음성 감정 데이터베이스를 비롯한 그 타당성 검증 절차와 결과를 소개한다. (2)에서는 음성 감정 인식 부문에서 음성 데이터가 어떻게 활용되고 해석되는지 연구 사례를 들어 다루고자 한다.

이에 필자가 구축한 제1차 중앙대 인문콘텐츠연구소의 한국어 음성 감정 데이터베이스를 사용한 3가지 음성 감정 인식 연구와 분석 사례를 제시한다.

첫 번째로 소개할 연구는 소음에 노출된 환경의 음성 감정 분석 사례이다. 두 번째는 한국과 미국의 방송 뉴스 진행자의 음성 감정 분석 사례이다. 세 번째는 한국과 미국의 COVID19 관련 방송 뉴스 보도에서 뉴스 진행자의 음성 감정 분석 결과를 다룰 것이다.

(1) 제1차 중앙대학교 인문콘텐츠연구소 한국어 음성 감정 데이터베이스

1) 음성 감정 발화 수집

중앙대 인문콘텐츠연구소는 중점 프로젝트 중 하나인 감정 온톨로지 구축 사업의 일환으로 한국어 음성 감정 데이터베이스를 구축하였다. 음성 감정 녹음을 위해 중앙대학교 연극학과에서 15명의 남자 연기자와 15명의 여자 연기자를 선발하였다. 음성 감정으로는 '슬픔', '행복', '분노', '불쾌하게 놀람', '두려움', '지루함', '우울', '냉소', '혐오', '중립'의 10가지 감정을 선정하였다.

이들 감정 가운데 베이스라인으로 사용하는 '중립'과 더불어 '슬픔', '행복', '분노', '두려움', '지루함'은 음성 감정 인식 연구에서 보편적으로 사용하는 감정 유형이다. '불쾌하게 놀람'과 '혐오'는 상대적으로 음성 감정 데이터베이스에서 구축 사례 빈도가 상대적으로 낮은 편이다. '우울'의 경우 구축 사례가 좀 더 드문 편이다, '냉소'의 경우 본 연구소를 제외한 구축 사례가 전무하다. 녹음 대본은 음성학 연구자가 작성한 한국어 자음과 모음을 모두 포함하는 52개의 의미상 중립적인 문장을 사용하였다. 녹음 대본은 2~4어절로 구성된 52개의 짧은 평서문과 의문문으로 구성되었다.

선발된 30명의 연기자에게 사전에 녹음 대본을 전달하여 연기자로 하여금 충분히 연습할 수 있는 시간을 갖도록 하였다. 녹음은 중앙대학교 녹음 스튜디오에서 음성학 연구자가 개별적으로 진행하였다. 또 연기자로 하여금 주어진 녹음 대본을 3차례에 걸쳐 반복적으로 최대한 자연스럽게 연기하도록 하였다. 연기자는 의자에 앉아 책상 위에 설치된 마이크를 이용하여 감정 발화를 녹음하였다. 마이크와 연기자의 입술 간 거리는 약 30㎝ 정도로 하고, 마이크를 노트북에 연결하여 44.1㎑의 샘플링 주파수에서 Praat 소프트웨어를 사용하여 녹음하였다. 다음의 〈그림 19〉는 음성 녹음에 사용한 Praat 소프트웨어의 이미지를 제시한다. 녹색바는 음성 시그널이 있을 경우 나타나는데 시그널의 강도가 클수록 녹색바는 높이 올라간다.

감정별 녹음은 연기자가 해당 감정에 대해 충분히 감정 이입이 되었을 때 시작하였다. 녹음 파일은 모두 개별 파일로 저장한 뒤 심사를 통해 연기자별로 3번 발화한 것 가운데 문장별로 가장 음질이 좋은 것을 최종적으로 선정하였다. 따라서 데이터베이스는 감정별로 30명의 연기자가 52문장을 녹음하여 총

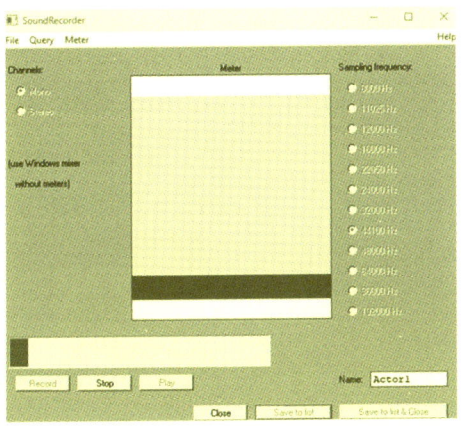
그림 18. 음성 녹음에 사용한 Praat 프로그램

15,600문장의 오디오 파일로 구성되어 있다(30명 연기자×10개 감정 ×52문장=15,600). 아래의 〈표 38〉과 〈표 39〉는 각각 제1차 한국어 음성 감정 데이터베이스의 구조와 녹음 대본 문장 가운데 일부를 제시하고 있다.

중립	30명 연기자×52문장=1,560문장
행복	30명 연기자×52문장=1,560문장
슬픔	30명 연기자×52문장 =1,560문장
분노	30명 연기자×52문장 =1,560문장
두려움	30명 연기자×52문장 =1,560문장
지루함	30명 연기자×52문장 =1,560문장
우울	30명 연기자×52문장 =1,560문장
냉소	30명 연기자×52문장 =1,560문장
혐오	30명 연기자×52문장 =1,560문장
놀람(불쾌)	30명 연기자×52문장 =1,560문장

표 38. 제1차 인문콘텐츠연구소 한국어 음성 감정 데이터베이스의 구조

1	기파랑은 신라 화랑이야.
2	꼬마가 병아리랑 놀아요.
3	매미와 베짱이는 친구야.
4	사월에는 경주에 가요.
5	짝수와 홀수가 있어.
6	아내는 중학교 교사야.
7	한강 둔치로 소풍을 갔어.
8	완도산 미역인가요?
9	트림하는 코끼리를 봐.
10	흥부와 놀부가 형제라고?

표 39. 녹음 문장 예시

    지금까지 한국어 음성 감정 데이터베이스를 구축한 사례는 적을 뿐 아니라, 분량 또한 해외 데이터베이스에 비해 적은 실정이다. 또한 녹음된 감정 유형도 4~6개에 그친다. 그러나 본 연구소의 음성 감정 데이터베이스는 기존의 국내 음성 감정 데이터베이스에서 제시된 감정 유형에 비해 더욱 다양한 감정 유형을 더 많은 분량으로 녹음한 데이터베이스이다.

2) 감정별 웨이브폼과 스펙트로그램 이미지

    다음에 제시되는 아래 그림들은 "사월에는 경주에 가요."라는 문장의 감정 발화를 Praat 소프트웨어에서 추출한 웨이브폼과 스펙트로그램으로 제시하고 있다. 〈그림 19〉는 특정 감정이 포함되지 않은 중립, 〈그림 20〉은 행복, 〈그림 21〉은 슬픔, 〈그림

22〉는 분노, 〈그림 23〉은 두려움, 〈그림 24〉는 지루함, 〈그림 25〉는 우울, 〈그림 26〉은 불쾌하게 놀람, 〈그림 27〉은 혐오, 그리고 〈그림 28〉은 냉소 상태의 발화를 나타낸다. 성별에 따른 발화 양상을 살펴보기 위해 감정별로 남성 화자와 여성 화자의 발화를 함께 제시하였다.

스펙트로그램 그림에서 파랑색 실선은 음도pitch를, 그리고 노랑색 실선은 강도intensity를 나타낸다. 눈썰미 있는 독자는 한눈에 알아차렸을지도 모르겠다. 10개 감정의 스펙트로그램에서 여성 화자의 파랑색 실선 윤곽이 남성 화자의 파랑색 실선 윤곽에 비해 좀 더 위쪽에 있다. 이는 일반적으로 여자가 남자에 비해 음도가 높은 것을 반영한다. 가령 〈그림 19〉의 붉은 색 상자 부분을 살펴보면 남성 화자의 '중립' 발화의 음도를 가리키는 파랑색 실선은 여성 화자 발화의 파랑색 실선에 비해 낮음을 알 수 있다.

노랑색 실선의 경우 중립, 지루함, 우울을 표출한 경우에 비해 행복, 분노, 불쾌하게 놀람을 표출한 경우 실선의 위치가 대체로 높게 위치한다. 특정 감정이 담겨 있지 않은 일상적인 표현을 하거나 지루하거나 우울할 때 목소리를 크게 높여 이야기하는 경우는 드물 것이다. 반면 좋은 일이 생겼거나 화가 치밀어 올랐거나 혹은 불쾌하게 놀랐을 때 독자들이 어떻게 이야기를 할 것인지 생각해 보면 감정의 강도 차이를 쉽사리 짐작할 것이다. 호기심이 왕성한 독자는 아래 그림에 제시된 10가지 감정을 표출하면서 소리의 강도와 음도에 대한 이미지를 그려 보는 것도 흥미로운 일일 것이다.

한편 여기에 제시한 이미지는 감정별로 이상적인 원형prototype
에 해당하는 것으로, 대부분의 경우 스펙트로그램에 기반한 감
정 간 변별이 쉽지 않다.

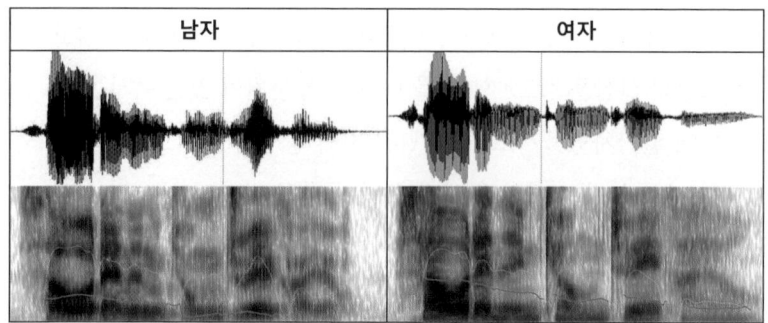

그림 19. '중립'의 웨이브폼(위)과 스펙트로그램(아래)

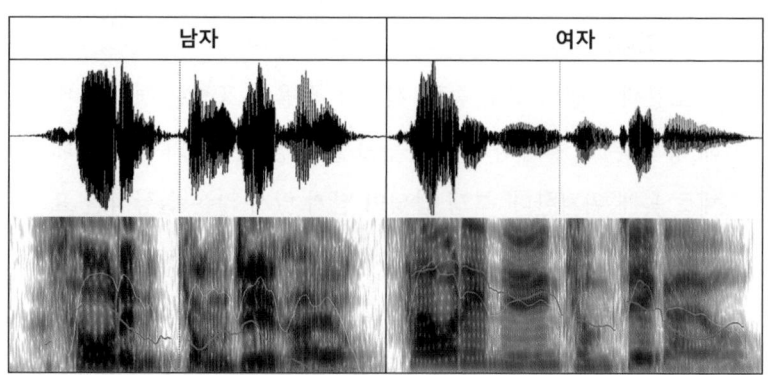

그림 20. '행복'의 웨이브폼(위)과 스펙트로그램(아래)

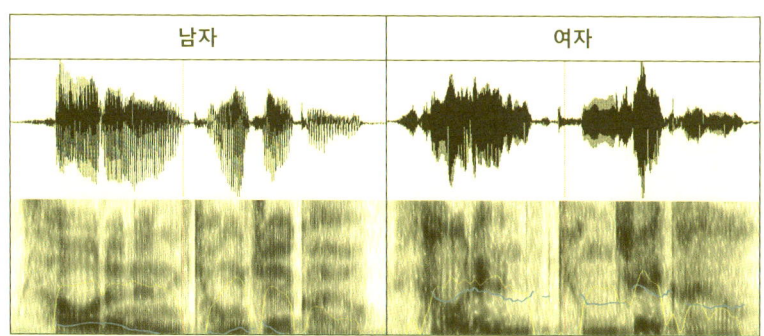

그림 21. '슬픔'의 웨이브폼(위)과 스펙트로그램(아래)

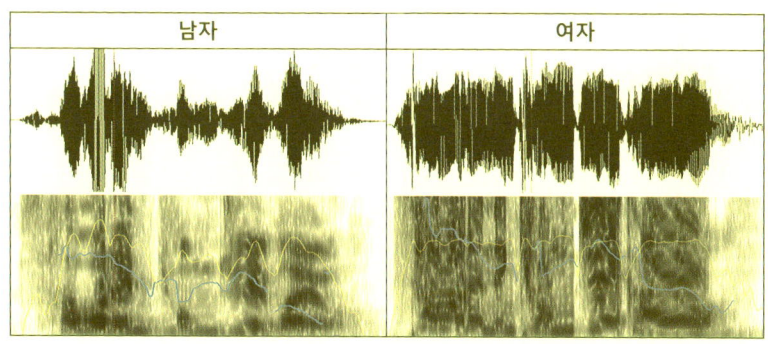

그림 22. '분노'의 웨이브폼(위)과 스펙트로그램(아래)

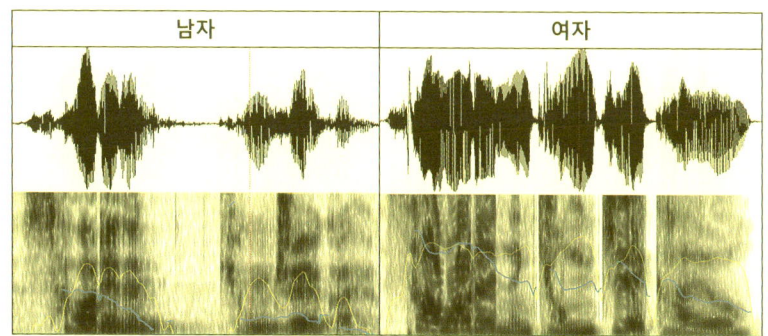

그림 23. '두려움'의 웨이브폼(위)과 스펙트로그램(아래)

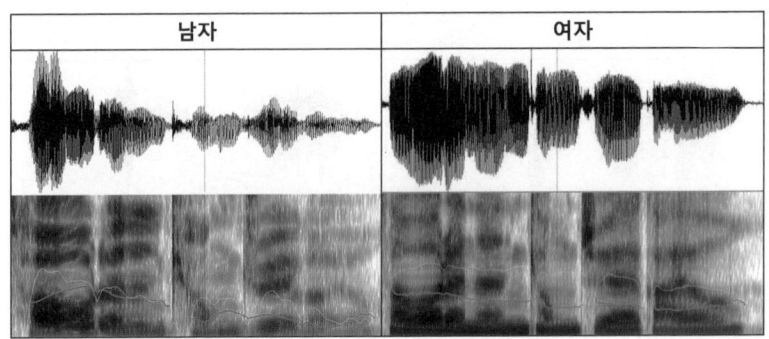

그림 24. '지루함'의 웨이브폼(위)과 스펙트로그램(아래)

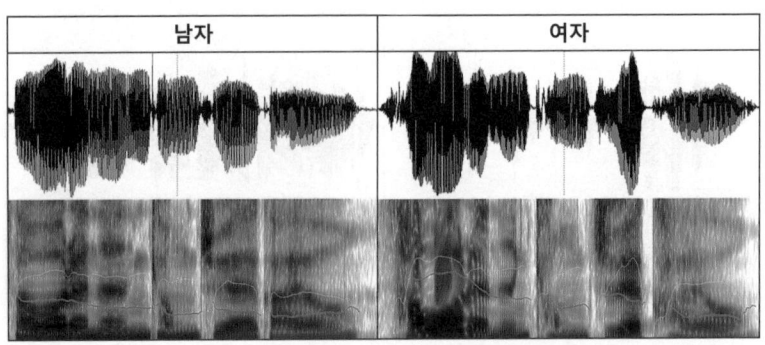

그림 25. '우울'의 웨이브폼(위)과 스펙트로그램(아래)

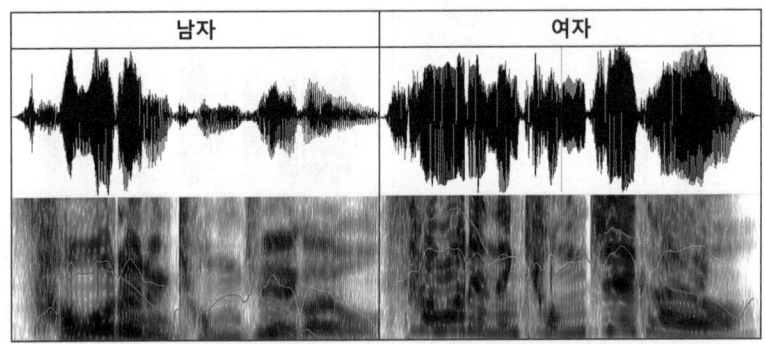

그림 26. '불쾌하게 놀람'의 웨이브폼(위)과 스펙트로그램(아래)

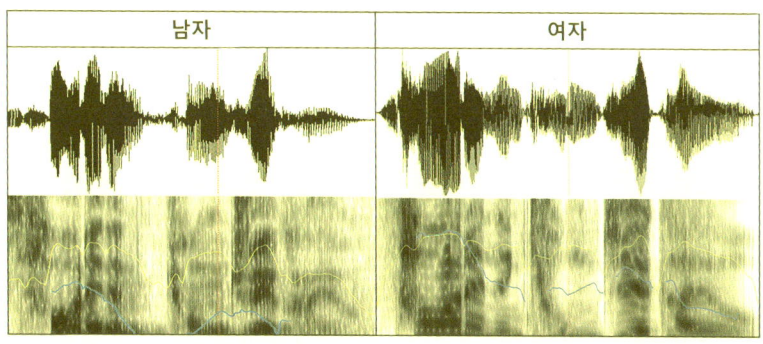

그림 27. '혐오'의 웨이브폼(위)과 스펙트로그램(아래)

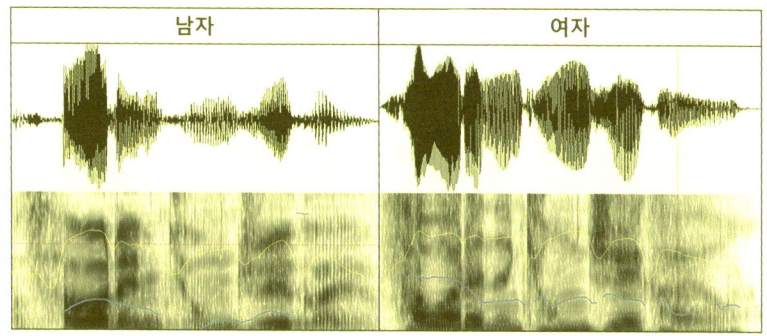

그림 28. '냉소'의 웨이브폼(위)과 스펙트로그램(아래)

(2) 제2차 중앙대학교 인문콘텐츠연구소 한국어 음성 감정 데이터베이스

1) 음성 감정 발화 수집

중앙대 인문콘텐츠연구소는 알고리즘 기반 자동 음성 감정 인식을 비롯한 음성 인식 제반 연구 분야에서 인문콘텐츠연구소의 한국어 음성 감정어 데이터베이스의 활용성을 증대하기 위해 1차 데이터베이스를 확장 구축하였다. 제2차 한국어 음성 감정 데이터베이스는 '중립', '행복', '슬픔' '분노', '두려움', '지루함'의 6가지 감정으로 감정 발화 강도를 센 것과 보통으로 달리하였고, 오디션을 거쳐 모집한 남자 10명과 여자 8명의 연기전공자와 전문연기자가 녹음하였다.

녹음 대본은 총 25개 문장으로 구성하였다. 따라서 제2차 한국어 음성 감정 데이터베이스는 총 5,400문장의 오디오 파일로 구성되어 있다(18명 연기자×6개 감정×25문장×2개 강도). 선발된 18명의 연기자는 코로나19 감염 위험을 방지하기 위해 개별적으로 스마트폰을 사용하여 녹음하였다. 아래의 〈표 40〉과 〈표 41〉은 각각 제2차 한국어 음성 감정 데이터베이스의 구조와 녹음 대본 문장 가운데 일부를 제시하고 있다.

센 강도	중립	18명 연기자×25문장=450문장
	행복	18명 연기자×25문장=450문장
	슬픔	18명 연기자×25문장=450문장
	분노	18명 연기자×25문장=450문장
	두려움	18명 연기자×25문장=450문장
	지루함	18명 연기자×25문장=450문장
보통 강도	중립	18명 연기자×25문장=450문장
	행복	18명 연기자×25문장=450문장
	슬픔	18명 연기자×25문장=450문장
	분노	18명 연기자×25문장=450문장
	두려움	18명 연기자×25문장=450문장
	지루함	18명 연기자×25문장=450문장

표 40. 제2차 인문콘텐츠연구소 한국어 음성 감정 데이터베이스의 구조

1	오늘 점심은 칼국수야.
2	벚꽃이 바람에 휘날려.
3	중대 정문에서 택시를 탔어.
4	방탄소년단과 약속이 있어.
5	엄마가 파도를 타요.
6	마루에 궤짝이 있어.
7	윤중로에 눈이 내려요.
8	아기 사슴이 뛰어다녀.
9	창밖에 노랑나비가 있어.
10	앞마당에 코스모스가 피었어.

표 41. 녹음 문장 예시

특히 2차 음성 감정 데이터베이스는 감정의 강도를 달리하여 녹음한 음성 감정 데이터베이스로서 해외에서도 드물 뿐 아니라 한국어로는 최초라는 데에 의의가 있다. 특히 일상 대화에서는 감정이 뚜렷하게 드러나지 않기에 이러한 데이터베이스는 실제 일반인들의 감정 발화를 더 잘 반영하는 것으로, 감정 인식 연구에서의 효용성이 높을 것으로 예상된다.

2) 강도에 따른 감정별 웨이브폼과 스펙트로그램 이미지

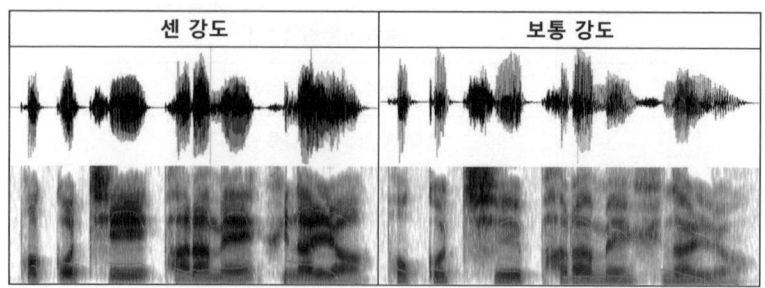

그림 29. '중립' 감정의 웨이브폼(위)과 스펙트로그램(아래)

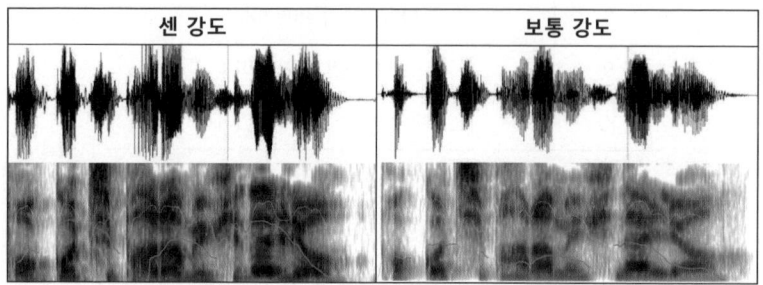

그림 30. '행복' 감정의 웨이브폼(위)과 스펙트로그램(아래)

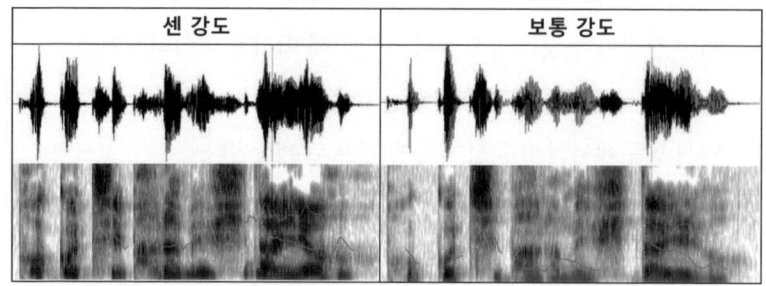

그림 31. '슬픔' 감정의 웨이브폼(위)과 스펙트로그램(아래)

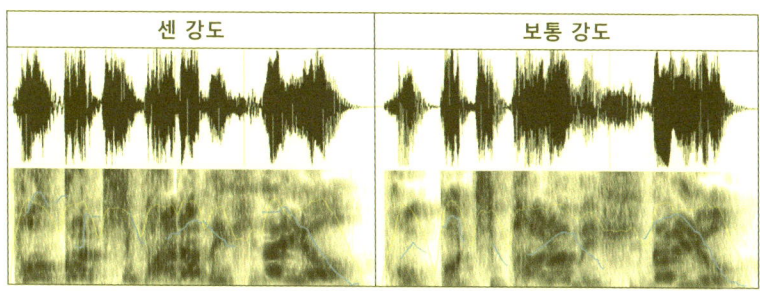

그림 32. '분노' 감정의 웨이브폼(위)과 스펙트로그램(아래)

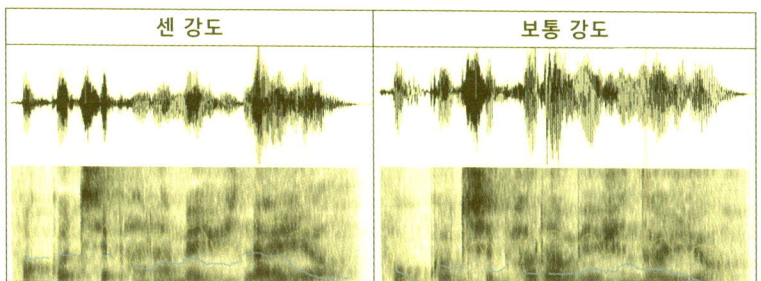

그림 33. '두려움' 감정의 웨이브폼(위)과 스펙트로그램(아래)

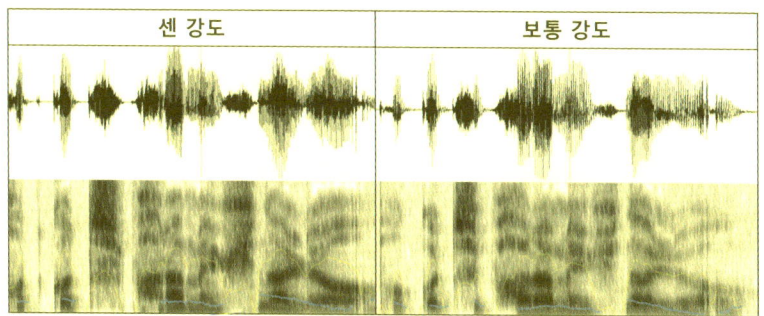

그림 34. '지루함' 감정의 웨이브폼(위)과 스펙트로그램(아래)

3) 감정 지각 실험

녹음한 감정 발화에 대한 타당성을 검증하기 위해 25명의 한국어 청자로 하여금 감정 발화를 듣고 감정 유형을 판단하고 연기자의 감정 발화의 자연스러운 정도를 평가하도록 하였다. 다음의 〈표 42〉와 〈표 43〉은 각각 센 강도와 보통 강도에서 발화한 감정에 대한 청자의 감정 인식 정확도 결과를 소수점 반올림하여 백분율(%)로 정리한 것이다.

		연기자가 의도한 감정					
		중립	행복	슬픔	분노	두려움	지루함
청자가 선택한 감정	중립	93	10	2	4	5	8
	행복	1	83	1	2	1	0
	슬픔	1	1	87	0	9	4
	분노	1	2	0	90	2	2
	두려움	0	3	9	2	81	0
	지루함	3	1	1	2	1	86
		전체 감정 인식률 평균: 87%					

표 42. 센 강도 감정 발화에 대한 감정 인식률(%)

		연기자가 의도한 감정					
		중립	행복	슬픔	분노	두려움	지루함
청자가 선택한 감정	중립	90	18	11	13	9	15
	행복	2	79	1	2	1	0
	슬픔	2	1	69	1	9	5
	분노	1	1	1	76	1	2
	두려움	0	1	14	2	78	1
	지루함	5	1	5	6	2	77
		전체 감정 인식률 평균: 78%					

표 43. 보통 강도 감정 발화에 대한 감정 인식률(%)

센 강도의 경우 감정 인식률은 중립이 93%로 가장 높았고, 다음은 분노(90%), 슬픔(87%), 지루함(86%), 행복(83%), 그리고 두려움(81%) 순으로 나타났다. 보통 강도로 발화한 감정의 인식률은 중립(90%), 행복(79%), 두려움(78%), 지루함(77%), 분노(76%), 그리고 슬픔(69%) 순으로 나타났다. 센 강도로 발화한 문장 전체의 감정 인식률 평균은 87%, 그리고 보통 강도로 발화한 문장 전체의 감정 인식률 평균은 78%였다. 센 강도와 보통 강도를 합한 녹음 문장 전체에 대한 감정 인식률은 82%였다.

이러한 감정 인식률은 대부분의 다른 언어권의 감정 데이터베이스 구축 연구에서 발표한 감정 인식률에 비해 좀 더 높다. 가령, 음성 감정 인식 연구에서 가장 대표적인 영어 데이터베이스 가운데 하나로 스피치와 노래를 함께 녹음한 'Ryerson Audio-Visual Database of Emotional Speech and Song(이하 RAVDESS)'을 들 수 있다. RAVDESS는 드물게 감정의 강도를 달리하여 녹음한 것으로, 스피치의 경우 전체 감정 인식률이 62%를 보였다. RAVDESS에서 센 강도 발화 전체의 감정 인식률 평균은 67%이고 보통 강도 발화 전체의 감정 인식률 평균은 58%였다. 한편 CADKES와 RAVDESS 모두 감정이 뚜렷하게 표출된 발화를 감정이 뚜렷하게 드러나지 않은 발화에 비해 감정 유형을 더 정확하게 인식하였다. 이는 감정 표출 정도에 따라 감정 인식률이 달라질 수 있음을 시사한다.

다음 〈표 44〉는 한국어 청자가 음성 발화 문장을 듣고 감정 유형을 선택한 뒤 해당 감정이 얼마나 자연스러운지 1~5점 척도를 사용하여 판단한 결과를 정리한 것이다. 1점은 매우 부자연스러운 경우이고 5점은 아주 자연스러운 경우에 해당한다. 센 강도의 경우 분노가 가장 자연스러운 것으로 지각된 반면, 보통 강도는 지루함이 가장 자연스럽게 표현된 것으로 나타났다. 또한 두 강도 모두 모든 감정 유형이 고르게 자연스럽게 표현된 것으로 나타났다.

	센 강도	보통 강도
중립	3.28	3.34
행복	3.96	4.02
슬픔	3.96	3.96
분노	4.12	3.97
두려움	3.80	3.96
지루함	3.97	4.04
전체 평균	3.85	3.88

표 44. 감정 유형별 자연스러움 정도

본 장에서는 감정 유형별 인식률과 자연스러움 평가 결과를 소개하는 정도로 그치고자 한다. 감정 지각 실험에 대해 좀 더 관심 있는 독자는 남영자, 이찬규의 연구[87]에서 CADKES의 타당성 검증을 위한 분석 항목, 통계 분석, 그리고 통계 결과에 대한 해석을 읽어 보길 바란다.

---

[87] Nam Y. and Lee C. "Chung-Ang Auditory Database of Korean Emotional Speech: A Validated Set of Vocal Expressions with Different Intensities." *IEEE Access*, vol. 10, 2022, pp. 122745~122761.

다음 (3)에서는 중앙대 인문콘텐츠연구소의 한국어 음성 감정 데이터베이스를 사용하여 구축한 음성 감정 인식 모델에 기반한 3가지 음성 감정 분석 연구 사례를 소개한다. 첫 번째는 소음에 노출된 환경에서의 음성 감정 분석 사례를 제시한다. 두 번째는 한국과 미국의 방송 뉴스 진행자의 음성 감정 분석을 뉴스 보도의 중립성과 관련지어 이야기하고자 한다. 세 번째는 한국과 미국의 COVID19 관련 방송 뉴스 보도에서 뉴스 진행자의 음성 감정 분석 결과를 다룰 것이다.

(3) 딥러닝 기반 음성 감정 인식

본 절에서는 중앙대학교 인문콘텐츠연구소에서 구축한 제1차 중앙대학교 인문콘텐츠연구소 한국어 음성 감정 데이터베이스를 활용한 딥러닝 모델 기반 음성 감정 인식 연구 사례를 간략히 소개한다. 또한 인문데이터가 어떻게 딥러닝 연구에 활용되고 분석 및 해석되는지에 대한 사례를 제시하는 것에 초점을 두고 있다.

1) 딥러닝 기반 소음하 음성 감정 인식

그간 딥러닝 기반 감정 인식 연구는 소음이 통제된 환경에서의 감정 분류 성능 향상에 집중되어 있었다. 그러나 실제 일상에서 대화가 일어나는 장소는 실험실만큼 조용하지 않은 경우가 대부분이다. 토요일 오후 대형 프랜차이즈 카페를 생각해 보

라. 열띤 그룹 토론, 지인과의 대화, 전화 통화, 직원의 주문번호 외치는 소리를 비롯해 온갖 소음이 난무한다. 매장 음악은 덤인 셈이다.

이렇듯 실제 대화가 일어나는 환경은 크든 작든 그리고 많든 적든 소음을 동반하는 경우가 다반사다. 이에 남영자 외 1인은 Convolutional neural network(이하 CNN)를 사용하여 소음하에서의 음성 감정 인식률을 고찰하였다.[88]

이 연구에서 음성 파일로는 연기자 26명의 녹음 파일을 사용하였고, 전체 10개 감정 가운데 5개(중립, 행복, 슬픔, 분노, 두려움)를 골라서 사용하였다(26명 연기자×5개 감정×52문장=6,760문장). 음성 파일에 입힌 소음은 티에만 등의 연구[89]의 소음 데이터베이스 Diverse Environments Multichannel Acoustic Noise Database 가운데 카페테리아, 지하철 환승역, 지하철 소음을 사용하였다. 신호 대 잡음비signal-to-noise ratio는 10dB였다.

다음의 〈그림 35〉부터 〈그림 39〉까지는 파이썬Python을 사용하여 도출한 감정 파일의 스펙트로그램 샘플을 제시하고 있다. 왼쪽과 오른쪽은 각각 감정 파일 원본과 지하철 소음을 입힌 감정 파일에서 도출한 스펙트로그램이다. 왼쪽과 오른쪽 그림을 비교해 보면 원본 파일과 달리 소음하에서는 음성 신호가 훼손

---

[88] Nam, Youngja, & Chankyu Lee. "Cascaded convolutional neural network architecture for speech emotion recognition in noisy conditions." *Sensors 21*, no. 13, 2021, p.4399.

[89] Thiemann, J., N. Ito, & E. Vincent. "Dive environments multichannel acoustic noise database(demand)." 2013.

되어 있음을 알 수 있다.

이 연구는 한국어와 독일어 음성 데이터를 사용하여 언어 간 연구를 수행하였다. 또한 CNN뿐 아니라 단계적 Denoising CNN(DnCNN)-CNN 기법을 사용하여 소음하에서의 감정 인식률을 비교하였다.

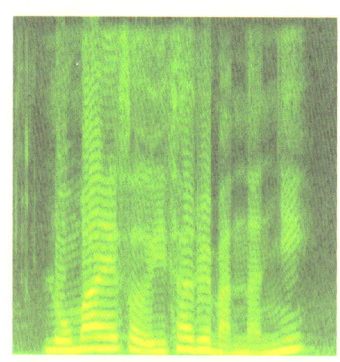 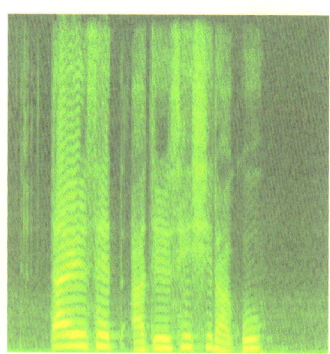

그림 35. '중립' 감정 스펙트로그램: 원본 음성 파일(왼쪽)과 지하철 소음을 입힌 경우(오른쪽)

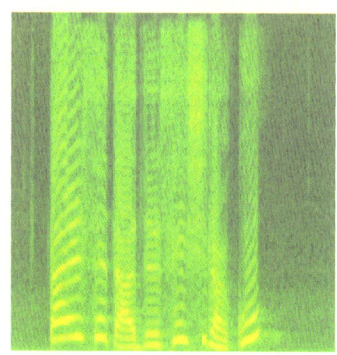 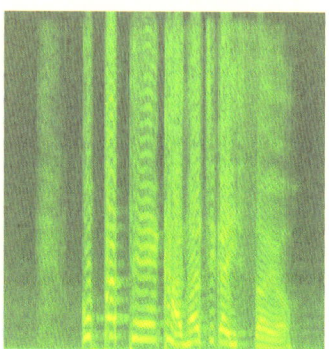

그림 36. '행복' 감정 스펙트로그램: 원본 음성 파일(왼쪽)과 지하철 소음을 입힌 경우(오른쪽)

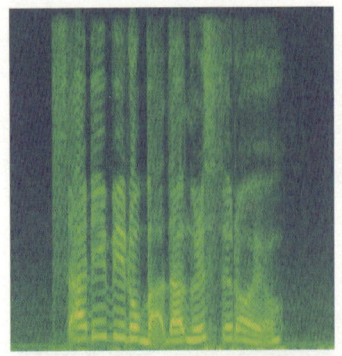 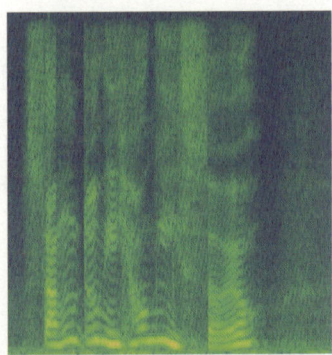

그림 37. '슬픔' 감정 스펙트로그램: 원본 음성 파일(왼쪽)과 지하철 소음을 입힌 경우(오른쪽)

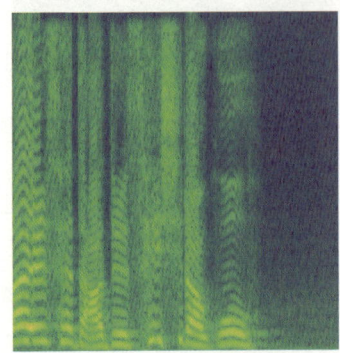 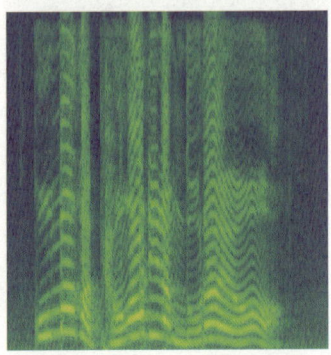

그림 38. '분노' 감정 스펙트로그램: 원본 음성 파일(왼쪽)과 지하철 소음을 입힌 경우(오른쪽)

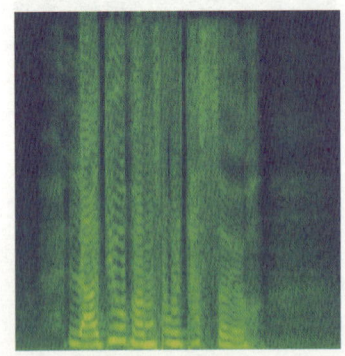 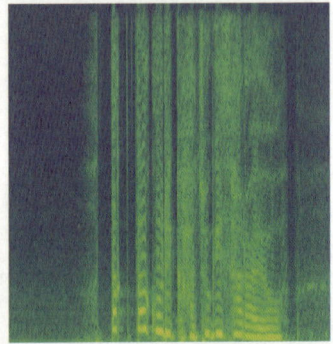

그림 39. '두려움' 감정 스펙트로그램: 원본 음성 파일(왼쪽)과 지하철 소음을 입힌 경우(오른쪽)

감정 인식 분류 결과, 소음을 입히지 않은 경우 CNN의 감정 인식률은 높았으나 소음하에서는 감정 인식률이 현저하게 떨어졌다. 다음의 〈표 45〉에서 〈표 48〉까지는 각각 소음을 입히지 않은 경우, 지하철, 지하철 환승역, 그리고 카페테리아 소음하의 감정 인식 결과에 해당한다. 〈표 45〉에서와 같이 소음을 입히지 않은 파일의 경우 CNN의 평균 감정 인식률은 93.6%에 달했다. 감정별로 살펴보면 중립의 인식률이 95.4%로 가장 높았고, 다음은 행복(94.2%), 분노(93.9%), 두려움(92.1%), 슬픔(90.7%) 순이었다. 이렇듯 모든 감정의 정확도가 90%를 웃돌았다.

한편 〈표 46〉에서와 같이 지하철 소음하에서 CNN의 평균 감정 인식률은 60.1%였다. 감정별로는 슬픔이 93.8%로 가장 높았다. 다음으로는 중립(58.0%), 두려움(51.7%), 행복(48.6%), 분노(47.9%) 순이었다. 〈표 47〉에서와 같이 지하철 환승역 소음하에서 CNN의 평균 감정 인식률은 51.9%였다. 감정별로는 슬픔이 96.3%로 가장 높았고 다음으로는 분노(45.5%), 중립(44.0%), 그리고 두려움과 행복 (37.0%) 순이었다. 〈표 48〉에서와 같이 카페테리아 소음하에서 CNN의 평균 감정 인식률은 52.3%였다. 감정별로는 슬픔이 95.3%로 가장 높았고, 다음은 중립(48.1%), 행복(42.0%), 분노(40.0%), 두려움(36.1%) 순이었다.

이처럼 감정별 정확도와 관련하여 CNN은 소음하에서는 소음의 종류에 상관없이 정확도가 현격하게 떨어졌다. 다만 슬픔에 대한 인식률은 3가지 소음 환경에서 모두 90%가 넘는 정확도를 유지하였다. 이러한 결과는 음성 감정 인식에 있어서 소음의 영향을 보여 주는 것으로, 실세계를 반영하여 소음하에서도 영향을 받지 않는 딥러닝 기법에 대한 연구의 필요성을 시사한다.

		연기자가 의도한 감정				
		중립	행복	슬픔	분노	두려움
청자가 선택한 감정	중립	95.4%	1.4%	2.2%	0.3%	0.7%
	행복	2.1%	94.2%	0.8%	1.9%	1.0%
	슬픔	3.6%	1.6%	90.7%	0.4%	3.8%
	분노	0.9%	3.6%	0.6%	93.9%	1.1%
	두려움	2.1%	1.8%	3.2%	0.8%	92.1%
		전체 감정 인식률 평균: 93.6%				

표 45. CNN 기반 한국어 음성 감정 인식률

		연기자가 의도한 감정				
		중립	행복	슬픔	분노	두려움
청자가 선택한 감정	중립	58.0%	0.7%	38.1%	0.5%	2.6%
	행복	10.8%	48.6%	35.7%	1.8%	3.1%
	슬픔	1.8%	0.5%	93.8%	0.7%	3.1%
	분노	10.5%	8.2%	27.7%	47.9%	5.7%
	두려움	2.3%	2.2%	42.0%	1.8%	51.7%
		전체 감정 인식률 평균: 60.1%				

표 46. CNN 기반 지하철 소음하에서의 한국어 음성 감정 인식률

		연기자가 의도한 감정				
		중립	행복	슬픔	분노	두려움
청자가 선택한 감정	중립	44.0%	0.1%	52.5%	1.9%	1.5%
	행복	10.5%	37.0%	45.3%	4.3%	2.9%
	슬픔	1.3%	0.3%	96.3%	0.2%	1.9%
	분노	8.5%	5.6%	37.0%	45.5%	3.4%
	두려움	1.9%	0.7%	57.0%	3.5%	37.0%
		전체 감정 인식률 평균: 51.9%				

표 47. CNN 기반 지하철 환승역 소음하에서의 한국어 음성 감정 인식률

		연기자가 의도한 감정				
		중립	행복	슬픔	분노	두려움
청자가 선택한 감정	중립	48.1%	0.7%	47.9%	1.7%	1.5%
	행복	10.4%	42.0%	43.0%	1.8%	2.8%
	슬픔	2.2%	0.7%	95.3%	0.5%	1.3%
	분노	9.2%	6.6%	37.7%	40.0%	6.6%
	두려움	3.2%	1.7%	56.0%	3.0%	36.1%
		전체 감정 인식률 평균: 52.3%				

표 48. CNN 기반 카페테리아 소음하에서의 한국어 음성 감정 인식률

2) 딥러닝 기반 한국 방송 뉴스의 음성 감정 표출 양상 분석

주지하다시피 뉴스는 객관성과 공정성에 기반하여 만들어지기 때문에 뉴스 작성자 개인의 의견이나 감정을 배제해야 한

다.[90] 하지만 근래 미디어의 영상 기반 뉴스는 특정한 시청자층의 기호를 목표로 삼아 주관적, 감정적 성향의 내용을 보도하는 경향이 있다는 지적이 잇따르고 있다. 이러한 뉴스 보도 행태는 시청자의 보도 내용에 대한 지각 방식을 특정 방향으로 수정하는 결과를 초래할 수 있다. 특히 시청각적 요소를 모두 활용하는 영상 기반 미디어는 문자 또는 오디오 기반 뉴스 미디어에 비해 사건의 전달력이 상대적으로 높은 점을 고려했을 때, 시청자의 이슈 지각에 개입할 소지가 더욱 클 수 있다는 문제점이 있다. 나아가 뉴스 전달자의 보도 행태는 시청자의 긍정적 혹은 부정적 정서 경험 강화에도 영향을 미친다.[91]

남영자는 제1차 인문콘텐츠연구소 한국어 음성 감정 데이터베이스의 일부를 사용하여 한국의 지상파 방송, 종합편성 방송(이하 종편), 뉴 미디어로 급부상한 유튜브 방송을 대상으로 뉴스 보도의 중립성을 고찰하기 위해 뉴스 보도자의 음성 감정 표출 양상을 파악하였다.[92] 지상파 방송 채널로는 KBS와 SBS를, 종편 채널로는 JTBC와 TV조선을, 유튜브 방송 채널로는 연구 수행

---

[90] Lee, W. S., & J. Park. "Language and expression in broadcasting news: Focus on objectivity and fairness of news language." *Broadcasting & Communication*, 14, no. 1, 2013, pp. 5~46.

[91] Y. J. Lee. "A study on the effect of TV news anchor's words on the reaction of viewers." *Mater's thesis, The Graduate School of Mass Communication*, Yonsei University, 2004.

[92] 남영자, 「CNN을 활용한 방송 뉴스의 감정 분석」, 『한국정보통신학회 논문지』, 24, no. 8, 한국정보통신학회, 2020, 1064~1070쪽.

당시 닐슨 보고서에 따라 구독자 수가 가장 높은 〈신의한수〉와 〈펜앤드마이크〉를 선정하였다. 방송 채널별로 유튜브 채널에 업로드한 보도 자료 가운데 채널별로 세 개를 골라 선정하였다. CNN 모델 구축을 위한 음성 감정 데이터베이스는 제1차 인문콘텐츠연구소 한국어 음성 데이터베이스 가운데 30명 연기자의 네 가지 감정(중립, 행복, 슬픔, 분노) 음성 파일을 사용하였다(30명 연기자×4개 감정×52문장=6,240문장).

음성 감정 분석 가운데 방송 채널별 결과를 소개하고자 한다. 아래의 〈표 49〉는 방송 채널별 뉴스 전달자의 음성 감정 표출 결과를 제시하고 있다. 중립 표출 정도는 JTBC가 가장 높았고(0.322), 신의한수(0.002)와 TV조선(0.001)은 낮았다. KBS, SBS, 정규재TV는 모두 중립 표출 정도가 매우 미미하였다(<0.001). 행복의 감정은 SBS가 가장 높았고(0.294), 다음은 JTBC순이었다(0.001). 나머지 방송 채널에서는 행복의 표출이 모두 미미하였다(0.001). 슬픔의 감정은 KBS가 0.988로 매우 높았다. 다음은 정규재TV(0.667), 신의한수(0.468), TV조선(<0.289), JTBC(0.285), SBS(0.006) 순이었다. 분노의 감정은 TV조선이 가장 높았고(0.37), 다음은 정규재TV(0.012)와 SBS(0.002) 순이었다. KBS, JTBC, 신의한수는 모두 분노의 표출 정도가 매우 미미했다(<0.001).

전체적으로 국내 주요 방송 채널의 음성 감정을 분석한 결과, JTBC를 제외한 모든 뉴스 채널에서 중립의 표출 정도가 미미하였다. 따라서 대부분의 뉴스 채널은 보도의 중립성을 제대로 유지하지 못하고 있는 것으로 드러났다. 이러한 문제는 자칫 공익성, 정확성, 전문성 등에 영향을 미쳐 한국 언론의 신뢰도를 떨

		중립	행복	슬픔	분노
지상파 방송	KBS	<0.001	<0.001	0.988	<0.001
	SBS	<0.001	0.294	0.006	0.002
종합편성 방송	JTBC	0.322	0.001	0.285	<0.001
	TV조선	0.001	<0.001	0.289	0.37
유튜브 방송	신의한수	0.002	<0.001	0.468	<0.001
	정규재TV	<0.001	<0.001	0.667	0.012

표 49. CNN 기반 한국 방송 채널별 음성 감정 분류 결과

어뜨리는 원인으로 작용할 수 있다. 따라서 더욱 객관적이고 중립적인 뉴스 보도를 실현하기 위해 국내 방송 뉴스 미디어는 경각심을 가지고 시청자의 신뢰를 유지하기 위해 부단한 노력이 필요함을 시사한다.

한편 이러한 딥러닝 기반 음성 감정 분석 기법은 향후 방송 미디어에서 언론의 중립성을 평가하는 객관적 평가 도구로 활용할 수 있을 것으로 본다. 또한 방송 뉴스에서 특정 감정 유형이 부각되어야 할 경우 그 감정이 효과적으로 전달되는지 평가하는 데 활용할 수 있을 것이다.

3) 딥러닝 기반 한국과 미국의 코로나19 관련 방송 뉴스의 음성 감정 표출 양상 분석

남영자는 2)에서 제시한 딥러닝 기반 방송 뉴스의 음성 감정 양상에 대한 정량적 분석 연구를 확장하여 한국과 미국의 주요 방송사의 코로나19 관련 뉴스를 수집하여 양국이 동일한 주제 보도에서 감정 표출 양상에 차이가 있는지 고찰하였다.[96] 한

국 뉴스 방송사로는 SBS, KBS, MBC, YTN, JTBC, TV조선을, 미국 뉴스 방송사로는 ABC, CBS, CNN, NBC를 선정하였다. 코로나19관련 뉴스는 본 연구가 수행될 당시 가장 많이 언급된 '오미크론Omicron 변이 바이러스'를 선택하였다. 각 방송사별로 해당 주제 관련 뉴스 영상 1편을 골라서 사용하였다.[94]

CNN 모델 생성을 위해 사용한 한국어 음성 감정 파일은 2)에서 사용한 것과 동일하다. 영어 음성 감정 데이터베이스로는 TESSToronto Emotional Speech Set[95]를 사용하였다. TESS는 2명의 여자 연기자가 200문장을 7개 감정(중립, 슬픔, 행복, 혐오, 분노, 놀람, 두려움)으로 녹음한 것이다. 이 연구는 TESS 음성 파일 가운데 한국어 감정 유형과 동일한 중립, 행복, 슬픔, 분노를 사용하였다(2명 연기자×4개 감정×200문장=1,600문장).

아래의 〈표 50〉은 국내 방송사별 감정 분류 결과를 정리한 것이다. 먼저 한국 방송의 분석 결과를 살펴보면 다음과 같다. 중립은 SBS, JTBC, YTN, KBS 순으로 나타났고, 모두 0.98을 웃돌아 중립성이 아주 높은 반면 MBC(0.009)와 TV조선(0.001)은 중립

---

[93] 남영자·채선규, 「한국과 미국 방송사의 코로나19 뉴스에 대해 CNN 기반 정량적 음성 감정 양상 비교 분석」, 『한국정보통신학회논문지』, vol. 26, no. 2, 한국정보통신학회, 2022, 306~312쪽.

[94] Nam, Youngja, & Chankyu Lee. "Cascaded convolutional neural network architecture for speech emotion recognition in noisy conditions." *Sensors 21*, no. 13, 2021, p.4399.

[95] Dupuis, Kate, and M. Kathleen Pichora-Fuller, "Toronto emotional speech set (tess)-younger talker_happy", 2010.

이 매우 낮았다. 행복은 JTBC가 0.987로 가장 높았고, SBS(0.441)는 다음으로 높았다. 반면 KBS, YTN, MBC와 TV조선에서는 행복이 매우 낮았다. 슬픔은 TV조선, MBC, YTN, KBS, SBS 순으로 모두 표출 정도가 높은 것으로 나타났다(0.836~0.999). JTBC는 비교적 슬픔의 표출 정도가 비교적 낮게 탐지되었다(0.349). 분노는 TV조선, YTN, MBC, KBS 순으로 표출 정도가 상당히 높았다(0.689~0.900). SBS(0.30)는 상대적으로 분노 표출이 낮았고, JTBC(0.104)는 분노가 낮게 탐지되었다.

		중립	행복	슬픔	분노
한국 방송사	JTBC	0.992	0.987	0.349	0.104
	KBS	0.984	0.015	0.973	0.689
	MBC	0.009	<0.001	0.994	0.708
	SBS	0.993	0.441	0.836	0.304
	TV 조선	0.001	<0.001	0.999	0.900
	YTN	0.992	0.007	0.983	0.877

표 50. CNN 기반 한국의 코로나19 방송 뉴스의 음성 감정 인식 결과

아래의 〈표 51〉은 미국 방송사별 감정 분류 결과를 제시하고 있다. 중립은 4개 방송사 모두 0.999로 중립성이 매우 높았다. 행복은 ABC에서는 매우 미미하였지만 나머지 방송사에서는 매우 높게 탐지되었다(0.999). 슬픔의 경우 ABC는 0.999로 매우 높게 표출되었으나 CBS, CNN, NBC에서는 슬픔이 미미하게 표출되었다. 분노는 4개 방송사 모두 미미하게 표출이 되었다(<0.001).

		중립	행복	슬픔	분노
미국 방송사	ABC	0.999	<0.001	0.999	<0.001
	CBS	0.999	0.999	<0.001	0.001
	CNN	0.999	0.999	<0.001	<0.001
	NBC	0.999	0.999	<0.001	<0.001

표 51. CNN 기반 미국의 코로나19 방송 뉴스의 음성 감정 인식 결과

전체적으로 오미크론 변이 바이러스 관련 뉴스 보도에서 한국의 MBC와 TV조선을 제외한 모든 한국과 미국 방송사는 높은 중립성을 확보했음을 보여 준다.

한편 중립을 제외한 다른 감정도 탐지되었는데, 이러한 양상은 한국의 뉴스 보도에서 두드러졌다. 특히 대부분의 한국 방송 뉴스에서 슬픔과 분노의 부정적인 감정이 높게 표출되었다. 하지만 부정적인 내용을 집중 보도하는 경우 뉴스 이용자의 정신적 안녕에 부정적인 영향을 미칠 수 있다[96][97][98]. 따라서 뉴스 보도 본연의 객관성과 중립성을 실현하기 위해 한국의 방송 뉴스

---

[96] Nabi, Robin L. "Exploring the framing effects of emotion: Do discrete emotions differentially influence information accessibility, information seeking, and policy preference?" *Communication Research*, 30, no. 2, 2003, pp. 224~247.

[97] Boukes, Mark, & Rens Vliegenthart. "News consumption and its unpleasant side effect." *Journal of Media Psychology*, 2017.

[98] Giri, Shakshi Priya, & Abhishek Kumar Maurya. "A neglected reality of mass media during COVID-19: Effect of pandemic news on individual's positive and negative emotion and psychological resilience." *Personality and individual differences*, 180, 2021, pp. 110~962.

미디어는 주의와 경각심이 필요할 것으로 본다.

흥미롭게도 대부분의 미국 방송 뉴스 보도에서는 한국 방송 뉴스와 달리 행복 감정이 높게 표출되었다. 이러한 연구는 코로나19 팬데믹 상황에서 국내 혹은 국가 간 방송 뉴스의 보도 양태에 대한 이해를 높이는 데 활용될 수 있을 것이다. 또한 이러한 정량적 음성 감정 분석은 뉴스 보도 양태가 뉴스 이용자의 감정에 미치는 영향을 분석하는 데에도 활용될 수 있을 것으로 여겨진다.

3
이미지 데이터의 분석

미국 소설가이자 단편 작가인 제프리 유제니디스Jeffrey Eugenides는 그의 소설[99]에서 인간의 감정에 대해 다음과 같이 썼다.

> 내 경험상 감정은 하나의 단어로 표현되지 않는다. 난 '슬픔', '기쁨', '후회'와 같은 감정을 믿지 않는다. 그보다는 "실패한 레스토랑을 보며 느끼는 슬픔"이나 "미니 바가 있는 방을 얻었을 때의 흥분"과 같이 복잡하고 복합적인 감정을 표현하는 단어를 원한다.

인간의 감정은 단순하지 않다. 미국 심리학자인 폴 에크만은 인간의 얼굴 표정으로 읽을 수 있는 6가지 보편적인 감정으로

---

[99] Eugenides, J. *Middlesex*, Picador, 2002.

'분노', '혐오', '두려움', '기쁨', '슬픔', '놀람'을 들었는데,[100] 우리가 현실에서 경험하는 감정은 종종 더 복잡하고 다양하다. 예를 들어 사회 초년생이 처음으로 자취를 시작했을 때를 상상해 보라. 그의 머릿속에는 기쁨과 두려움, 새로운 환경이 가져다줄 만남과 기회에 대한 설렘, 부모를 떠나야 하는 것에 대한 슬픔과 해방감 등 온갖 감정이 뒤섞여 있을 것이다.

그런데 이러한 복잡한 감정을 기계가 인식할 수 있다면 어떨까? 만약 그럴 수 있다면 기계는 사람을 더 잘 이해하고 더 잘 도울 수 있을 것이다. 이에 중앙대학교 인문콘텐츠연구소는 사람을 좀 더 잘 이해하고 도울 수 있는 기계를 만들기 위한 첫 단계로 얼굴 표정에서 인간의 복잡한 감정을 인식하는 기계학습 모델을 학습하기 위한 데이터 세트를 구축하였다. 여기서는 한국인의 얼굴 표정 인식 기계학습 모델을 학습하기 위한 데이터 세트 구축과 딥러닝을 이용한 얼굴 표정 인식 방법에 관하여 소개한다.

(1) 24개 한국인 감정 기반 얼굴 표정 인식 데이터 세트

인간의 표정에서 감정을 인식하는 기계를 만들기 위해서는 먼저 그 요소 기술인 표정을 인식하는 기계학습 모델을 학습해야 하는데, 이러한 기계학습 모델을 학습하기 위해서는 인간의 표

---

[100] Ekman, P. and W. V. Friesen. "Constants across cultures in the face and emotion." *J. Pers. Soc. Psychol*, vol. 17, no. 2, February 1970, pp. 124~129.

정 이미지 데이터가 필요하다. 중앙대학교 인문콘텐츠연구소는 얼굴 표정을 담은 사진과 해당 사진이 어떤 감정들을 담고 있는지를 레이블로 정의한 데이터 세트를 구축하였으며, 이 데이터 세트를 이용하여 사람의 얼굴 이미지에서 복잡한 감정을 인식하는 기계학습 모델을 학습하였다. 이때 기계학습 모델이 인식하는 구체적인 감정으로는 한국인의 24개의 감정[101]을 사용하였다. 이제부터는 이 데이터 세트를 '24개 한국인 감정 기반 얼굴 표정 인식 데이터 세트'라 부르기로 한다.

24개 한국인 감정 기반 얼굴 표정 인식 데이터 세트는 앞서 말한 것처럼 얼굴 사진과 감정 레이블이 쌍을 이룬 지도학습 데이터 세트인데, 얼굴 사진 한 장에 감정 레이블이 적게는 1개, 많게는 4개까지 달려 있다.

여기서 지도학습이란 레이블이 달린 데이터로 자동 분류 모델이나 예측 모델을 학습하는 기계학습 기법을 말한다. 일반적으로 지도학습 데이터 세트는 하나의 데이터에 하나의 레이블이 달리는 경우가 대부분인데[102] 이 데이터 세트는 하나의 데이터에 여러 개의 레이블이 동시에 달리는 '다중 레이블Multi-label' 데이터 세트이다. 따라서 한 장의 얼굴 사진에 '기쁨', '성취', '행복'이라는 3개의 감정 레이블이 동시에 달릴 수 있다. 이 다중 레이블 데이터 세트는 다음과 같은 장점을 지닌다.

---

[101] 이유미·박지영·김바로, 「한국어 감정 디지털 온톨로지 구축에 관한 연구」, 『한국어 의미학』, 68, 2020, 131~162쪽.
[102] 가령 고양이 사진 한 장에 '고양이'라는 레이블이 하나만 달려 있고, 강아지 사진 한 장에 '강아지'라는 레이블이 하나만 달려 있는 식이다.

첫째로 기존의 얼굴 표정 기반 감정 인식 데이터 세트가 주로 한 장의 사진에 한 개의 감정 레이블이 달려 있어 인간의 복합적인 감정을 다루지 못하는데 비해, 이 데이터 세트는 인간의 복잡한 감정을 다중 레이블이라는 형태로 다루고 있다. 이 데이터 세트는 얼굴 사진의 개수가 총 38,817개인데, 이 중 한 장의 사진에 하나의 레이블이 달린 경우가 19,800개, 2개의 레이블(즉, 다중 레이블)이 달린 경우가 18,134개, 3개의 레이블이 달린 경우가 875개, 4개의 레이블이 달린 경우가 8개이다. 따라서 2개 이상의 레이블이 동시에 달린 다중 레이블 데이터가 총 19,017개이다.

이 데이터 세트의 두 번째 장점은 기존의 데이터 세트가 대체로 서양인의 얼굴을 다루고 있는 데 반해, 이 데이터 세트는 다양한 성별과 연령대의 한국인, 즉 동양인의 얼굴을 다루고 있다는 점이다. 따라서 이 데이터 세트로 기계학습 모델을 학습할 경우, 한국인(동양인)의 얼굴 표정을 더 잘 인식하는 기계학습 모델을 구축할 수 있을 것으로 기대된다.

마지막으로 이 데이터 세트의 세 번째 장점은 데이터 세트가 공개되어 있어 누구나 활용할 수 있다는 점이다. 다만 현재 한국의 저작권과 초상권 관련법으로 인해 얼굴 사진을 사진의 형태 그대로 공유하는 것이 어려워, 데이터베이스의 형태로 공유하고 있다. 누구든지 중앙대학교 인문콘텐츠연구소 홈페이지에서 사용자 동의서를 작성하여 제출하면 TFRecord 형태의 데이터 세트를 내려 받아 비영리 목적으로 사용할 수 있다.[103]

(2) 관련 연구

얼굴 이미지 분석과 관련된 기존 연구로는 크게 인간의 감정 자체를 연구한 연구와 다양한 얼굴 이미지 기반 감정 인식 데이터 세트를 구축한 연구가 있다.

1) 인간 감정 연구

먼저 인간의 감정을 연구한 연구로는 폴 에크만의 연구가 유명하다. 에크만은 문화를 초월하는 인간의 보편적인 감정으로 '분노', '혐오', '두려움', '기쁨', '슬픔', '놀람'의 6가지 감정을 실험을 통해 확인하였다. 특히 에크만과 프리센[104]은 국적, 인종, 종족에 관계없이 특정한 얼굴 근육 모양과 6개의 감정 사이에 일관된 연관성이 존재하고 있음을 실험을 통해 입증하였다. 이들의 연구는 얼굴 표정에 기반한 감정 인식 연구의 토대를 마련하였다.

그런데 2020년에 들어와서 『네이처Nature』 지의 한 뉴스 기

---

[103] 중앙대학교 인문콘텐츠연구소 홈페이지(http://aihumanities.org/ko/archive/data/?vid=2)에서 데이터 세트 사용자 동의서를 내려받아 작성하고 스캔한 후, 해당 게시글에 적혀 있는 담당자에게 사용자 동의서를 이메일로 보내면, TFRecord 형식의 '24개 한국인 감정 기반 얼굴 표정 인식 데이터 세트'를 내려받을 수 있는 링크를 받을 수 있다. 또 TFRecord 형식의 데이터 세트 파일을 원본 이미지로 변환하기 위한 소스코드와 얼굴 표정 인식 딥러닝 프로그램 소스코드를 GitHub저장소(https://github.com/heeryoncho/facial_emotion_recognition_using_K-drama_dataset)에서 내려받을 수 있다.

[104] Ekman, P. and W. V. Friesen. "Constants across cultures in the face and emotion." *J. Pers. Soc. Psychol*, vol. 17, no. 2, February 1970, pp. 124~129.

사[105]가 얼굴 표정에 기반한 기존의 감정 인식 연구 결과가 실제로 인간 표정에서 드러나는 감정을 올바르게 포착하고 있지 못하다고 지적하면서, 기존의 얼굴 표정을 통한 감정 인식 연구의 한계를 꼬집었다. 기사에서는 울상을 짓거나 울고 있는 얼굴 사진 네 장을 보여준 뒤, 네 장의 사진 모두가 슬픔이 아닌 압도적인 기쁨과 흥분의 상태에 있는 사람들을 촬영한 것이라고 설명하면서, 에크만의 연구 결과가 항상 옳은 것은 아니라고 지적하였다. 이어서 현실에서 마주하는 다양한 인간 표정을 올바르게 이해하기 위해서는 훨씬 더 풍부한 감정 분류 방법이 필요하다면서 새로운 연구 결과[106]를 소개하였다.

이 밖에 다른 감정 범주로 로버트 플루치크의 8가지 주요 감정, 즉, '분노', '두려움', '슬픔', '혐오', '놀라움', '기대', '신뢰', '기쁨'이 있으며,[107] 이는 일반적인 감정 반응에 대한 심리학적 분류 방법에서 파생되었다.

2) 얼굴 이미지 기반 감정 인식 데이터 세트 구축 연구

한편 인간의 표정을 촬영한 사진을 이용하여 얼굴 표정 기반 감정 인식 데이터 세트를 구축한 연구들이 여럿 있는데, 여기서

---

[105] Heaven, D. "Why faces don't always tell the truth about feelings." *Nature*, vol. 578, 2020, pp. 502~504.

[106] Cowen, A., D. Sauter, J. L. Tracy, and D. Keltner. "Mapping the passions: toward a high-dimensional taxonomy of emotional experience and expression." *Psychol. Sci. Publ. Interest*, vol. 20, no. 1, 2019, pp. 69~90.

[107] Plutchik, R. "A general psychoevolutionary theory of emotion." *Theories of Emotion*, New York: Academic Press, 1980, pp. 3~33.

는 대표적인 3가지 얼굴 표정 인식 데이터 세트를 소개한다. 〈표 52〉에서 3가지 데이터 세트를 비교하고 있다. 이 중 얼굴 감정 인식에 가장 많이 사용되고 있는 데이터 세트는 첫 번째의 '얼굴 표정 인식 데이터 세트Facial Expression Recognition Dataset: FER-2013[108]'이다. 이 데이터 세트는 구글 이미지 검색을 통해 수집한 총 35,887장의 흑백 사진으로 구성되며, 7종류의 감정을 다루고 있다.

두 번째의 '확장된 콘-카나데 데이터 세트Extended Cohn-Kanade Dataset: CK+[109]'에는 123명의 피험자를 촬영한 총 593개의 흑백 및 컬러 영상 시퀀스가 들어 있으며[110], 세 번째의 '일본 여성 얼굴 표정 데이터 세트Japanese Female Facial Expression Dataset: JAFFE[111]'에는 7가지 감정의 일본 여성 흑백 얼굴 사진 213장이 들어 있다.[112] 이에 비해 중앙대학교 인문콘텐츠연구소가 구축한 얼굴 표정 데이터 세트는 다른 데이터 세트에 비해 감정 레

---

[108] https://www.kaggle.com/c/challenges-in-representation-learning-facial-expression-recognition-challenge/data

[109] http://www.jeffcohn.net/wp-content/uploads/2020/10/2020.10.26_CK-AgreementForm.pdf100.pdf.pdf

[110] Lucey, P., J. F. Cohn, T. Kanade, J. Saragih, Z. Ambadar, and I. Matthews. "The Extended Cohn-Kanade Dataset (CK+): A complete dataset for action unit and emotion-specified expression." IEEE Computer Society Conference on Computer Vision and Pattern Recognition (CVPR) Workshops, 2010, pp. 94~101.

[111] https://zenodo.org/record/3451524#.YWZ899pByUk

[112] Lyons, M., S. Akamatsu, M. Kamachi and J. Gyoba. "Coding facial expressions with Gabor wavelets." IEEE International Conference on Automatic Face and Gesture Recognition, 1998, pp. 200~205.

이블이 24개로 훨씬 더 다양한 감정을 다루고 있다. 또 앞서 말한 것처럼 기존의 데이터 세트가 한 장의 사진에 하나의 감정 레이블이 달려 있는데 비해, 중앙대학교 데이터 세트는 한 장의 사진에 여러 개의 감정 레이블이 달려 있다.

(*) CK+의 경우 데이터 총 개수는 사진의 개수가 아니라 영상 시퀀스의 개수를 가리킴.

데이터 세트	데이터 총 개수	사진 크기 (픽셀)	감정 레이블 (개수)
FER-2013	35,887	48×48	분노, 혐오, 두려움, 행복, 슬픔, 놀라움, 중립(7)
CK+	593(*)	640×480	분노, 혐오, 두려움, 행복, 슬픔, 놀라움, 경멸(7)
JAFFE	213	256×256	분노, 혐오, 두려움, 행복, 슬픔, 놀라움, 중립(7)
중앙대학교 인문콘텐츠 연구소 데이터 세트	38,817	64×64	감동, 공포, 권태, 놀람, 분노, 불안, 사랑, 설렘, 섭섭, 성취, 수치, 슬픔, 심란, 연민, 열정, 우울, 재미, 정, 죄책, 질투, 평안, 행복, 혐오, 중립(24)

표 52. 다양한 얼굴 이미지 기반 감정 인식 데이터 세트의 비교

참고로 지금까지 소개한 얼굴 표정 인식 데이터 세트는 '얼굴 식별 데이터 세트Face Recognition Dataset'와는 다름에 주의해야 한다. 얼굴 식별 데이터 세트는 사진 속 '사람'이 예컨대 홍길동인지 아닌지를 구분하는 것을 목적으로 하며, 얼굴 표정에서 '감정'을 식별하는 얼굴 표정 기반 감정 인식 데이터 세트와는 그 인식 대상이 다르다.

(3) 데이터 세트의 구축

여기서는 먼저 한국인의 24가지 감정에 대해 자세히 기술하고, 다음으로 얼굴 사진에 감정 레이블을 부여하기 위해 밟은 일련의 과정을 설명한다. 또 데이터 세트의 통계를 요약한다.

1) 한국인의 24가지 감정

〈표 53〉은 데이터 세트 구축 시 감정 레이블로 사용된 한국인의 24가지 감정이다. 회색으로 칠해진 칸은 부정적인 감정이고 흰 칸 속 감정은 긍정적인 감정이다. 맨 마지막에 제시된 '중립'이라는 감정은 특별한 감정이 없는 상태를 나타내는 레이블로, 다양한 감성 분석 또는 감정 인식 연구에서 자주 정의되는 감정 레이블이다.

감동	공포	권태	놀람	분노	불안	사랑	설렘
섭섭	성취	수치	슬픔	심란	연민	열정	우울
재미	정	죄책	질투	평안	행복	혐오	중립

표 53. 데이터 세트의 다중 레이블 정의에 사용된 한국인의 24개 감정

2) 한국 드라마 대본에 감정 레이블 부여

중앙대학교 인문콘텐츠연구소는 5개의 한국 드라마 대본을 입수하여 해당 드라마 대본에 감정 레이블을 부여하는 작업을 진행하였다. 일반적으로 얼굴 표정에서 감정을 인식하는 기계

학습 모델을 학습하려면 얼굴 사진 속 표정을 보고 감정 레이블을 부여하거나 특정 감정을 연기한 표정을 사진으로 찍어 지도학습 데이터 세트를 구축해야 한다. 그런데 이 데이터 세트는 24가지의 다양한 감정을 다뤄야 하기 때문에 복잡 미묘한 감정을 연출하여 얼굴 사진을 촬영하는 것이 힘들다.

이에 한국 드라마의 동영상과 해당 드라마의 대본을 이용하여 데이터 세트를 구축하였다. 이를 위해 먼저 드라마 대본을 읽으면서 등장 인물들이 가졌을 심리 상태를 유추하면서 복잡한 감정을 표현하는 레이블을 대본 속 대사에 부여하고, 해당 대사를 읊는 동영상 화면을 추출하여 다중 감정 레이블을 부여한 얼굴 사진을 취득하였다. 이 작업을 위해 드라마 대본을 표 형식으로 변환하여 맨 마지막 칼럼에 감정 레이블을 부여할 수 있게 하였다.

〈표 54〉는 표 형식으로 변환된 드라마 대본의 일부를 발췌하여 제시한 것이다. 이 표에는 대본의 페이지, 권, 회차, 등장인물의 이름(캐릭터명), 지문, 대사, 그리고 감정 레이블(1차 기준 감정)이 정의되어 있다. 맨 오른쪽 '1차 기준 감정' 칼럼에는 각 줄의 대사 또는 내용에 감정적인 부분이 있는 경우 24개 한국인의 감정 중 1개 이상의 감정을 기술하게 되어 있다. 동시에 부여한 감정에 감정의 강도를 1~5점으로 표시하게 하였다. 가장 강한 감정이 5점을 갖는다. 만약 해당 줄이 특별한 감정을 나타내고 있지 않은 경우, '1차 기준 감정' 칼럼을 공백으로 놔두었다.

페이지	권	회차	캐릭터명	지문	대사	1차기준 감정 (1~5점)
234	1	5회	연하	가는 점원 보며	아쉽다 내 취향인데	설렘(2)
235	1	5회	완	창가 보는	모두 맞는 말이지만, 내 인생을 그렇게 한 줄로 정	슬픔(3) 심란(3)
236	1	5회	난희	일하다, 깔깔대고 웃으며	아이고, 울 아버지 어째, 엄마가	재미(4)

표 54. 한국 드라마 대본을 표 형식으로 변환하여 감정 레이블을 부여한 예

중앙대학교 인문콘텐츠연구소는 국문학과 학부생 5명에게 드라마 대본을 하나씩 나눠주고, 한 사람이 온전히 하나의 드라마 대본을 담당하도록 하고, 대본에서 표 형식으로 데이터를 변환하는 작업과, 감정이 발생하는 장면(각 줄)에 24개의 한국인 감정 중 적절한 감정 레이블을 달고 감정 강도를 기입하도록 하였다. 이때 작업자들이 드라마의 감정적인 맥락을 더 잘 이해할 수 있도록 드라마를 시청하면서 감정 레이블을 달도록 하였다.

3) 얼굴 사진 추출

감정 레이블이 부여된 대본 표가 다 만들어지고 나서 연구진은 새로운 학부생과 대학원생을 고용하여 감정 레이블이 달린 장면을 담은 몇 초에서 몇 분 정도의 짤막한 드라마 영상 클립을 드라마 동영상에서 추출하도록 하였다. 이렇게 추출한 동영상을 영상 클립이라 부르기로 한다.

추출한 영상 클립에 소프트웨어 프로그램을 적용하여 초당 3개의 정지 화면 영상(이하 프레임 또는 사진)을 추출하고, 얼굴

만을 사각형으로 잘라 주는 합성곱 신경망Multi-Task Cascaded Convolutional Networks: MTCNN[113]을 각 프레임에 적용하여 얼굴 사진을 추출하였다. 그리고 각 얼굴 사진이 64×64 픽셀을 가지도록 그 크기를 통일하였다.

이렇게 얻은 얼굴 사진을 별도의 인간 평가자가 일일이 감정 레이블과 대조하여 감정 레이블이 얼굴 표정과 일치하지 않거나 화질이 너무 뿌옇거나 얼굴을 식별하기 힘든 사진들을 제거하였다. 이렇게 하여 선별된 얼굴 사진 데이터는 다양한 얼굴 각도, 조명 상태, 명암 대비, 선명도를 가지고 있다. 이 데이터 세트에서는 감정의 강도를 별도로 정의하지 않고 있고, 오직 24개의 감정 중 어떤 감정(들)이 얼굴 표정에 나타나는지만을 정의하고 있다.

4) 데이터 세트 통계

중앙대학교 인문콘텐츠연구소가 구축한 '24개 한국인 감정 기반 얼굴 표정 인식 데이터 세트'는 다양한 연령과 성별의 한국인이 다양한 표정을 짓고 있는 총 38,817장의 컬러 사진으로 구성된다. 이 사진들은 총 3,714개의 영상 클립에서 추출되었으며, 하나의 감정 레이블(예: 분노)부터 4개의 감정 레이블(예: 놀람, 분노, 슬픔, 심란)까지, 총 158개의 고유한 레이블의 조합을 가진다.

〈표 55〉에 오직 1개의 감정 레이블을 갖는 데이터의 개수를

---

[113] Zhang, K., Z. Zhang, Z. Li and Y. Qiao "Joint Face Detection and Alignment Using Multitask Cascaded Convolutional Networks." *IEEE Signal Process. Lett.*, vol. 23, no. 10, October 2016, pp. 1499~1503.

요약했다. 이 표를 보면 총 19,800개의 얼굴 사진이 1개의 감정 레이블을 갖는다. 여기에 한국인의 24가지 감정 중 '중립' 레이블과 '권태' 레이블은 빠져 있다. '중립' 레이블은 중립의 표정을 한 얼굴 사진이 없어 일체 사용되지 않았고, '권태' 레이블은 단독으로 '권태' 표정을 지은 사진이 없어 사용되지 않았다. 다만 다른 감정 레이블과 함께 '권태' 감정이 등장하는 사진 데이터는 있었다.

〈표 55〉를 보면 가장 많은 1개 레이블을 가진 사진이 '분노'의 감정을 표출한 사진임을 알 수 있다. 이를 통해, 이 데이터 세트가 많은 화난 얼굴을 포함하는 불균형 데이터 세트라는 것을 유추할 수 있다.

순위	개수	감정	순위	개수	감정
1	7,586	분노	12	300	사랑
2	2,715	놀람	13	280	공포
3	1,930	슬픔	14	202	우울
4	1,702	심란	15	185	행복
5	951	불안	16	174	질투
6	918	섭섭	17	160	설렘
7	509	연민	18	153	평안
8	474	죄책	19	149	성취
9	455	재미	20	117	혐오
10	427	정	21	73	수치
11	312	감동	22	28	열정

표 55. 1개의 감정 레이블을 갖는 데이터의 개수

〈표 56〉은 2개의 감정 레이블을 갖는 데이터 개수를 정리한 것으로, 이 중 가장 많이 정의된 2개의 감정 조합 상위 10위를 보여 준다. 참고로 이 데이터 세트에서 2가지 감정 레이블의 고유한 조합은 총 136개이다.

다음의 〈표 57〉은 3개의 감정 레이블을 동시에 갖는 상위 10위 데이터의 감정 조합과 데이터 개수를 제시하고 있다. 참고로 3개의 감정 레이블의 고유한 조합은 총 27개이다. 마지막으로 총 8개의 사진 데이터가 4개의 감정 레이블('놀람', '분노', '슬픔', '심란')을 가졌다. 이렇듯 다중 감정 레이블의 조합을 통해 우리는 어떤 감정들이 주로 함께 나타나는지를 확인할 수 있다.

순위	개수	감정
1	1,646	슬픔, 우울
2	1,440	슬픔, 심란
3	1,198	분노, 심란
4	1,107	분노, 슬픔
5	1,030	재미, 행복
6	926	사랑, 행복
7	817	사랑, 설렘
8	790	슬픔, 연민
9	729	심란, 우울
10	658	분노, 혐오

표 56. 얼굴 사진 데이터가 2개의 감정 레이블을 갖는 상위 10위의 데이터 개수

순위	개수	감정
1	224	공포, 불안, 열정
2	185	슬픔, 심란, 우울
3	74	슬픔, 연민, 정
4	43	슬픔, 심란, 연민
5	40	분노, 슬픔, 심란
6	35	섭섭, 슬픔, 심란
7	32	분노, 심란, 혐오
8	27	공포, 불안, 슬픔
9	26	사랑, 섭섭, 정
10	23	사랑, 설렘, 연민

표 57. 얼굴 사진 데이터가 3개의 감정 레이블을 갖는 상위 10위의 데이터 개수

이상으로 '24개 한국인 감정 기반 얼굴 표정 인식 데이터 세트' 구축에 대한 설명을 마친다. 요약하면 이 데이터 세트는 총 38,817장의 다양한 연령의 한국인 남녀 배우의 얼굴 사진으로 구성되며, 24개의 한국인 감정을 드라마 대본의 각 장면에 기입하는 것으로 배우들의 얼굴 사진에 감정 레이블을 달았다. 이때 고유한 단일 및 다중 감정 레이블의 종류는 총 186개로 다양하며.[114] 1개의 감정 레이블 또는 2개 이상 4개 이하의 복합 감정을 정의한 감정 레이블로 구성된다. 다양한 감정 레이블 중 가

---

[114] 1개의 감정 레이블의 종류가 22개, 2개의 다중 감정 레이블의 종류가 136개, 3개의 다중 감정 레이블의 종류가 27개, 그리고 4개의 다중 감정 레이블의 종류가 1개로, 총 186개이다.

장 많이 부여된 감정은 '분노'였다.

이제 이 데이터 세트를 이용하여 사람의 얼굴 표정에서 감정을 인식하는 기계학습 모델을 구축하는 방법에 대해 살펴본다.

(4) 얼굴 표정 기반 감정 인식 기계학습 모델의 학습과 성능

여기서는 '24개 한국인 감정 기반 얼굴 표정 인식 데이터 세트'를 이용하여 3종류의 데이터 세트를 만든 뒤, 3가지 딥러닝 모델을 구축하여 얼굴 표정 기반 감정 인식을 수행한 결과를 보고한다. 이 실험에서 알고자 하는 것은 이 데이터 세트로 다양한 딥러닝 모델을 구축했을 때, 과연 어느 정도의 인식 성능이 나오는지이다.

1) 실험 데이터

데이터 세트의 성능을 평가하기 위해 3종류의 얼굴 표정 기반 감정 인식 실험을 진행하였다. 이를 위해 3종류의 데이터 세트를 만들었다.

① 첫 번째 실험은 데이터 세트 전체를 사용하여 단독 감정 레이블 및 다중 감정 레이블을 자동 분류하는 실험이다. 이를 위해 〈표 58〉의 다중 레이블 분류 실험 데이터 세트를 만들었다.

② 두 번째 실험은 22가지의 단독 감정을 가지는 데이터만을

추려 22가지 단일 감정 레이블을 자동 분류하는 실험이다. 이를 위해 〈표 58〉의 22가지 감정 분류 실험 데이터 세트를 만들었다.

③ 세 번째 실험은 에크만의 보편적인 인간의 감정('분노', '혐오', '두려움', '기쁨', '슬픔', '놀람')을 가지는 데이터만을 추려 6가지 단일 감정 레이블을 자동 분류하는 실험이다. 이를 위해 〈표 58〉의 6가지 감정 분류 실험 데이터 세트를 만들었다.

〈표 58〉에 각 실험에 사용한 훈련 및 테스트 데이터 개수를 정리했다. 이렇게 데이터 세트를 훈련 데이터와 테스트 데이터로 나누는 이유는 훈련 데이터로 학습한 기계학습 모델이 다양한 얼굴 표정을 얼만큼 인식할 수 있는지를 테스트 데이터로 공정하게 평가하기 위해서이다.

공정한 평가를 위해 훈련 데이터를 4개의 한국 드라마 데이터로 만들었으며, 테스트 데이터에는 훈련 데이터에 사용하지 않은 별도의 1개의 드라마 데이터를 사용하였다.

실험 데이터 종류	다중 레이블 분류 실험	22가지 감정 분류 실험	6가지 감정 분류 실험
훈련	33,793	16,702	11,392
테스트	5,024	3,098	1,421
총합	38,817	19,800	12,813

표 58. 3종류의 실험에 사용된 훈련/테스트 데이터의 개수

2) 3가지 딥러닝 모델

각 실험에는 아래의 3가지 딥러닝 모델을 구축하여 성능 평가 실험을 수행하였다.

- CNN Convolutional Neural Network 모델: 3개의 2D 컨볼루션 층 layer과 ReLU Rectified Linear Unit 활성 함수로 구성된 합성곱 신경망 모델을 구축하였다.
- 오토인코더 Autoencoder 모델: 2D 컨볼루션 층과 ReLU 활성 함수, 2D maxpooling으로 신경망의 절반이 구성되고, 앞 구조와 대응되는 2D 컨볼루션 층과 ReLU 활성 함수, 2D upsampling으로 구성된 오터인코더 모델을 구축하였다.
- 전이 학습 transfer learning 모델: ImageNet 가중치를 가지는 사전 훈련된 ResNet50 이미지 인식 신경망을 활용하는 모델을 구축하였다.

모든 모델의 가중치는 GlorotUniform 초기화 과정을 통해 초기화하였으며, 맨 마지막 층에 자동 분류를 위한 소프트맥스 softmax 층을 덧붙였다. 그리고 모든 실험에서 Epoch를 2, Batch 크기를 64로 설정하였다.

결국 각 실험 데이터 세트에 대하여 3가지 딥러닝 모델을 구축하였기에 3가지 데이터 세트×3가지 딥러닝 모델로 총 9개의 실험을 진행하였다. 성능 평가 척도로는 정확도를 사용하였고, 소프트웨어 환경에는 Docker 컨테이너에서 실행되는 Python

3.8과 텐서플로우TensorFlow 2.5.0 딥러닝 프레임워크를 사용하였다. 실험 장비에는 2개의 RTX 3090 GPU 카드가 탑재되어 있는 딥러닝 컴퓨터를 사용하였다.

3) 실험 결과

〈표 59〉에 3가지 실험의 딥러닝 모델별 얼굴 표정 감정 인식 정확도를 제시한다. 이 표에 먼저 표시되는 숫자는 테스트 데이터의 정확도(%)이고 괄호 안의 숫자는 훈련 데이터의 정확도(%)이다. 대부분 훈련 데이터의 성능이 테스트 데이터 성능보다 높아 모델의 일반화가 더 필요한 것으로 보인다.

전반적으로 기본 성능이 아직 만족스럽지는 않지만, 다중 레이블 실험의 경우 186개의 고유한 레이블을 맞혀야 하기 때문에 제법 어렵고, 24가지 감정 분류 실험과 6가지 감정 분류 실험도 각 감정의 데이터의 개수가 균등하다고 가정했을 때, 전자는 24분의 1(4.12%), 후자는 6분의 1(16.67%)의 확률로 임의로 정답을 맞힐 수 있기 때문에 딥러닝 모델이 임의의 감정 인식보다는 좀 더 높은 성능을 나타내는 것으로 확인되었다. 특히 전이 학습 모델을 이용하여 얼굴 표정에서 6가지 보편적인 감정을 인식하는 실험의 경우, 60%에 가까운 인식 성능이 나와 향후 성능 향상을 꾀할 수 있다면, 유용한 얼굴 표정 기반 감정 인식 기술로 활용될 수 있을 것으로 보인다.

*괄호 안의 숫자는 훈련 데이터의 정확도

딥러닝 모델	다중 레이블 분류 실험	22가지 감정 분류 실험	6가지 감정 분류 실험
CNN 모델	19.02(39.39)	25.47(50.46)	55.17(77.70)
오토인코더 모델	21.95(33.00)*	27.18(41.14)	59.32(56.45)
전이 학습 모델	18.96(45.42)	25.31(67.80)	59.30(82.03)

표 59. 3가지 실험의 딥러닝 모델별 정확도(%)

(5) 결론

이 장에서는 복잡한 인간의 감정을 기계가 이해하는 것을 목표로 한국 드라마 영상에서 다양한 연령의 남녀 배우의 얼굴을 추출하여 드라마 대본에 다중 레이블 형태로 24가지의 감정을 부여하여 '24개 한국인 감정 기반 얼굴 표정 인식 데이터 세트'를 구축한 과정을 설명하였다. 그리고 구축한 데이터 세트를 이용하여 3종류의 딥러닝 모델을 학습하고, 이들의 기본 성능을 확인하였다. 비록 실험에서는 아직 괄목할 만한 얼굴 표정 기반 감정 인식 성능을 달성하지 못했지만 한국인, 나아가서는 아시아인의 얼굴에 특화된 감정 인식 모델을 만드는 기초를 다졌다고 할 수 있다.

이 데이터 세트에 한계가 있다면 감정 레이블이 드라마별로 한 명의 평가자에 의해 매겨졌다는 점이다. 보통 감정 레이블은 복수의 평가자에 의해 매겨지고, 다수결에 의해 감정 레이블이 결정되는 경우가 많은데, 이 데이터 세트는 단일 평가자에 의한 작업의 한계를 보완하기 위해 감정적인 맥락을 충분히 내포하고 있는 드라마 대본과 실제 드라마 영상을 활용하여 레이블 작업을 진행하였다.

향후 여러 감정이 섞인 다중 레이블을 심도 있게 분석함으로써 어떤 감정이 어떤 감정과 동시에 나타나는지를 파악하고, 이 정보를 활용하여 더 복잡한 얼굴 표정 기반 감정 인식 모델을 구축하는 것이 인문사회과학자들에게 주어진 숙제라고 생각한다.

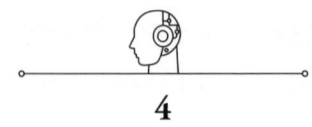

4

인문데이터 구축의 한계와 의의

 우리는 앞서 인공지능 인문데이터의 필요성 및 그 범위를 개념적으로 살펴보았다. 인문데이터가 어떠한 이유에서 구축되고 활용되어야 하는지, 인간 중심의 인공지능을 위해서 여전히 인문데이터가 중요하다는 견지에서 실제 데이터 구축의 과정을 통해 인문데이터 분석의 실제를 논의하였다. 이 장에서는 인문데이터 구축의 한계 및 의의를 기술하고, 나아가서 인공지능 인문데이터의 활용 가치 등을 제안하고자 한다.
 최근 생성 AI의 발전과 더불어 인간이 실제 구축하는 데이터가 더 이상 효과적이지 않을 것이라는 이야기도 나오고 있다. 다시 말해, 챗지피티와 같은 생성형 AI가 방대한 양의 데이터를 얼마든지 구축할 수 있기 때문에 데이터 구축의 노력이나 비용 면에서 인간이 데이터를 구축하는 것에 비할 길 없이 효율적일 수 있다.

이렇게 생성 AI는 대량의 데이터를 신속하게 생성할 수 있지만 인간이 직접 구축한 데이터가 가지는 인간의 복잡성을 반영한 깊이와 맥락을 포함하는 이해도 측면에서 여전히 부족한 실정이다. AI는 인간 데이터에 내재된 맥락이라든지 문화적 민감성, 윤리적 의미를 제대로 해석하는 데에는 어려움을 겪으며 이로 인한 오해나 거짓 조합Hallucination 등이 발생할 가능성이 높다.

그렇기 때문에 여전히 우리는 인간에게 이로운 AI 시스템을 위해 인문데이터를 학습할 필요가 있다. 인간 중심의 통찰력을 가지고 인문데이터를 설계해야 하며, 생성 AI가 이해하거나 복제할 수 없는 광범위한 인간의 감정, 문화적 뉘앙스, 역사적 맥락 등을 아우르는 윤리적인 고려 사항이 반영되어야 한다. 인간 중심의 인문데이터는 인간의 감정, 행동, 문화적인 역학 관계 등 인간을 둘러싼 사회 현상에 대한 이해 및 미래 사회의 예측에도 유용하게 적용될 수 있다.

다음으로 인공지능 인문데이터는 인공지능이 사회에 미치는 윤리적인 의미, 인문학적 관점에서 AI 개발에 어떻게 영향을 미칠 수 있는지 이해하는 데에 도움이 된다. 따라서 우리는 인간 고유성에 초점을 두어 감정 데이터와 비윤리 데이터에 주목하여 인문데이터의 구축과 분석, 이를 통한 해석적 견해를 논의하였다.

우리는 데이터 형태를 기준으로 하여 텍스트, 음성, 이미지 데이터의 구축의 실제를 통해 인공지능 인문데이터의 범위와 구축 절차를 기술하였다. 나아가 인공지능 인문데이터의 분석과 해석을 통하여 인공지능 인문학 분야의 연구 방법과 세부 주제의 확장 가능성을 논의하였다. 다만, 감정 데이터와 비윤리 데이터라는 인간 본유적인 속성을 지닌 데이터에 한정하여 살펴보았고, 더욱 다양한 실험과 이에 대한 평가 및 검증이 함께 이루어지지 못했다는 점에서는 아쉬움이 있다. 향후 인공지능 인문데이터를 활용하여 인간 중심의 AI 시스템 구현이 가능하도록 예비적으로 인문데이터 구축의 실제를 보였다는 데에서 연구의 의의가 있다.

앞으로 인공지능이 융합된 세상으로 나아가면서 인문데이터의 가치가 더욱 높아질 것으로 기대한다. 인문데이터는 인공지능 기술 발전이 인간의 가치와 윤리적 기준에 부합하도록 보장하는 기초적인 관점을 제공할 뿐만 아니라 AI 개발에 인간 중심적인 데이터의 속성과 정보를 제공한다. 이를 통해 기술이 인간과 공감하면서 문화적으로 다양하게 인식되며 윤리적으로 건전하게 개발될 수 있도록 중추적인 연구 분야로 자리잡을 것이다.

인문데이터를 통한 AI 연구 개발 및 융합은 인간 사회를 유익하게 만들어 줄 수 있다. 그러므로 인간과 인공지능이 공존하게 될 사회에서는 인문데이터의 구축이 더욱 필수적이다. 기술의 진보가 인간의 가치, 윤리성을 고려하여 인간 사회의 다양한 관점에 대한 이해와 균형을 이루도록 인문데이터가 견인차 역할을 해야 한다.

이러한 관점에서 중앙대학교 인문콘텐츠연구소에서는 기술과 인간이 조화롭게 공존하는 미래를 위하여 더욱 다양한 형태와 내용으로 인문데이터를 구축하고 안전하고 설명 가능한 AI

를 개발하기 위한 품질 좋은 데이터를 마련해 나갈 것이다. 인문데이터는 인문학의 관점에서 인공지능 기술 발전과 유익한 영향력을 미치게 될 것으로 기대하는 바이다.

참고문헌

1장 들어가며

김성태, 『데이톨로지: AI·메타버스 시대를 읽는 데이터인문학』, 이른비, 2022, 306쪽.

이유미·박지영·김바로, 「한국어 감정 디지털 온톨로지 구축에 관한 연구」, 『한국어 의미학』, 68 , 2020, 131~162쪽.

Ekman, P., & W. V. Friesen. "Constants Across Cultures in the Face and Emotion." *Journal of Personality and Social Psychology*, vol. 17, no. 2, 1971, pp. 124~129.

2장 인공지능 인문데이터

김바로, 「딥러닝으로 불경 읽기- Word2Vec으로 CBETA 불경 데이터 읽기」, 『원불교사상과 종교문화』, vol. 80, 2019, 249~279쪽.

_____, 「인공지능 시대를 위한 인문데이터의 역사와 과제」, 『인공지능인문학연구』, vol. 3, 2019, 77~97쪽.

이현정, 「"인문데이터과학, 직관에 객관을 더하다」, 『대학신문』, 2017.4.9., https://www.snunews. com/news/articleView.html?idxno=16854 (최종검색일 2023.8.9.)

Shumailov, Ilia, et al. "Model dementia: Generated data makes models forget." *arXiv e-prints* (2023): arXiv-2305.

3장 인공지능 인문데이터 구축의 실제

김민희·민경환, 「노년기 정서경험과 정서조절의 특징」, 『한국심리학회지 일반』, 23-2, 2004, 1~21쪽.

김바로, 「딥러닝으로 불경 읽기- Word2Vec으로 CBETA 불경 데이터 읽기」, 『원불교사상과 종교문화』, vol. 80, 2019, 249~279쪽.

김바로·강우규, 「한국 대중 서사 기반 감정 데이터 구축과 활용」, 『인공지능인문학연구』, 12, 2022, 41~72쪽.
김완석·박도현·신강현, 「자기연민과 타인연민, 마음챙김, 그리고 삶의 질: 대안적 인과 모형 비교」, 『한국심리학회지 건강』, 20-3, 한국건강심리학회, 2015, 605~621쪽.
박미은·정유남, 「AI 텍스트 말뭉치 기반 비윤리적 어휘 연구」, 『한국어학』, 95, 한국어학회, 2022, 241~276쪽.
박진원·나영윤·박규병, 「비윤리적 한국어 발언 검출을 위한 새 데이터 세트」, 『한국정보처리학회 학술대회논문집』, 28(2), 2021, 606~609쪽.
송영숙·정유남, 「국어사전 용례의 윤리성 자동 분류 문제와 제안」, 『언어와 정보』, 26(2), 한국언어정보학회, 2022, 109~127쪽.
양지훈·윤상혁, 「ChatGPT를 넘어 생성형(Generative) AI시대로: 미디어·콘텐츠 생성형 AI 서비스 사례와 경쟁력 확보 방안」, 『MEDIA ISSUE & TREND』, 55, 2023, 62~70쪽.
윤현서·유선용, 「Transformer 기반 비윤리적 문장 탐지」, 『디지털콘텐츠학회논문지』, 22(8), 한국디지털콘텐츠학회, 2021, 1289~1293쪽.
이승호·정유남, 「딥러닝을 활용한 비윤리 텍스트 데이터 분석」, 『Journal of Korean Culture(JKC)』, 60, 한국어문학국제학술포럼, 2023, 63~100쪽.
이유미·박지영·김바로, 「한국어 감정 디지털 온톨로지 구축에 관한 연구」, 『한국어 의미학』, 68, 한국어의미학회, 2020, 131~162쪽.
이청호·김봉제·김형주·변순용·이찬규, 「윤리적 인공지능을 위한 비도덕 문장 판별 온톨로지 구축에 대한 연구」, 『인공지능인문학연구』, vol. 7, 중앙대학교 인문콘텐츠연구소, 2021, 149~170쪽.
임아영·최낙환, 「영화의 기대감정과 관객행동」, 『소비문화연구』, 16-3, 한국소비문화학회, 2013, 59~79쪽.
최광민·추승민·정유남, 「AI 혐오표현 오분류 양상 분석」, 『인공지능인문학연구』, 13, 중앙대학교 인문콘텐츠연구소, 2023, 109~147쪽.
최해연, 「한국의 대학생과 직장인이 경험하는 긍정정서의 구조」, 『한국심리학회지: 사회 및 성격』, 26-4, 한국사회및성격심리학회, 2012, 73~88쪽.
최해연·최종안, 「한국인의 정서 구조와 측정」, 『한국심리학회지: 사회 및 성격』, 30-2, 한국사회및성격심리학회, 30(2), 2016, 89~114쪽.
세계경제포럼, 「일자리의 미래 2020 보고서(The Future of Jobs Report

2020)」, 2020.

미디어젠, 「감성 대화 말뭉치」, AIHUB, 2021.

㈜ 아크릴, "한국어 감정 정보가 포함된 단발성 대화 데이터셋." AIHUB, 2022.

Chin, A., A. Markey, S. Bhargava, K. S. Kassam, & G. Loewenstein. "Boredom in the USA: Experience sampling and boredom in everyday life." *Emotion*, 17.2, 2017, pp. 359~368.

DUCHENNE DE BOULOGNE, Guillaume. *De l'Électrisation Localisée et de son Application à la Physiologie, à la Pathologie, et à la Thérapeutique*, 1855.

DUCHENNE DE BOULOGNE, Guillaume. *Mécanismede la physiono miehumaine, ou Analyseélectro-physiologique de l'expression des passions applicable à la pratique des arts plastiques*, 1862.

DUCHENNE DE BOULOGNE, Guillaume. *Physiologie des mouvements démontrée à l'aidede l'expérimentation électriqueet de l'observation clinique, et applicable à l'étudedes paralysieset des déformations*, 1867.

Grühn, D., K. Rebucal, M. Diehl, M. Lumley, & G. Labouvie-Vief. "Empathy across the adult lifespan: Longitudinal and experience- sampling findings." *Emotion*, 8-6, 2008, pp. 753~765.

Jeon, Duyoung., Junho Lee, & Cheongtag Kim. "User Guide for KOTE: Korean Online *Comments Emotions Dataset.*" *Computation and Language*, 2205.05300, 2022.

Izard, C. E. "Basic emotions, relations among emotions, and emotion-cognition relations." *Psychological Review*, 99.3, 1992, pp. 561-565.

Kang, Taeyoung et al. "Korean Online Hate Speech Dataset for Multilabel Classification- How Can Social Science Aid Developing Better Hate Speech Dataset." arXiv preprint arXiv:2204.03262, 2022.

Lazarus, R. S. "From Psychological Stress to the Emotions: A History of Changing Outlooks." *Annual Review of Psychology*, 44.1, 1993, pp. 1~21.

Lim, D., & D. DeSteno. "Suffering and compassion: The links among adverse life experiences, empathy, compassion, and prosocial behavior." *Emotion*,

16-2, 2016, pp. 175~182.

Moon, Jihyung et al. "BEEP! Korean Corpus of Online News Comments for Toxic Speech Detection." *ArXiv* abs/2005.12503 (2020): n. pag.

Ekman, Paul, E. Richard Sorenson, & Wallace V. Friesen. "Pan-Cultural-Elements-In-Facial-Display-Of-Emotion." *Science*, 164, 1969, pp. 86~88.

Ekman, Paul. "An argument for basic emotions." *Cognition & Emotion*, 6.3-4, 1992, pp. 169~200.

Plutchik, Robert. "The Nature of Emotions." *American Scientist*, 89.4, 2001, pp. 344~350.

Shaver, P. R., H. J. Morgan, & S. Wu. "Is love a 'basic' emotion?" *Personal Relationships*, 3-1, 1996, pp. 81~96.

4장 인공지능 인문데이터 분석의 실제

김문형 외, 「KOSAC(Korean Sentiment Analysis Corpus): 한국어 감정 및 의견 분석 코퍼스」, 『한국정보과학회 학술발표논문집』, 한국정보과학회, 2013.

남영자, 「CNN을 활용한 방송 뉴스의 감정 분석」, 『한국정보통신학회논문지』, 24.8, 2020, 1064~1070쪽.

남영자·채선규, 「한국과 미국 방송사의 코로나 19 뉴스에 대해 CNN 기반 정량적 음성 감정 양상 비교 분석」, 『한국정보통신학회논문지』, 26(2), 한국정보통신학회, 2022, 306~312쪽.

박상민·나철원·최민성·이다희·온병원, 「Bi-LSTM 기반의 한국어 감성사전 구축 방안」, 『지능정보연구』, 24(4), 한국지능정보시스템학회, 2018, 219~240쪽.

이완수·박재영, 「방송뉴스의 언어와 표현: 뉴스언어의 객관성과 공정성을 중심으로」, 『방송과 커뮤니케이션』, 14(1), 한국방송학회, 2013, 5~46쪽.

이유미·박지영·김바로, 「한국어 감정 디지털 온톨로지 구축에 관한 연구」, 『한국어 의미학』, 68, 2020, 131~162쪽.

이윤재, 「TV 뉴스에 있어서 앵커 멘트가 시청자 수용태도에 미치는 영향에 관한 연구」, 사학위논문, 연세대학교 언론홍보대학원, 2005.

Boukes, Mark, & Rens Vliegenthart. "News consumption and its unpleasant side effect." *Journal of Media Psychology*, 29, 2017, pp. 137~147.

Dupuis, Kate, & M. Kathleen Pichora-Fuller. "Toronto emotional speech set (tess)-younger talker_happy." (2010).

Giri, Shakshi Priya, & Abhishek Kumar Maurya. "A neglected reality of mass media during COVID-19: Effect of pandemic news on individual's positive and negative emotion and psychological resilience." *Personality and individual differences*, 180, 2021, p. 110962.

Krippendorff, K. *Content Analysis: An Introduction to Its Methodology*, Thousand Oaks, CA: Sage, 2004.

Livingstone, Steven R., & Frank A. Russo. "The Ryerson Audio-Visual Database of Emotional Speech and Song (RAVDESS): A dynamic, multimodal set of facial and vocal expressions in North American English." *PloS one*, 13.5, 2018, p. e0196391.

Nabi, Robin L. "Exploring the framing effects of emotion: Do discrete emotions differentially influence information accessibility, information seeking, and policy preference?." *Communication Research* 30.2, 2003, pp. 224~247.

Nam, Youngja, & Chankyu Lee. "Cascaded convolutional neural network architecture for speech emotion recognition in noisy conditions." *Sensors*, 21.13, 2021, p. 4399.

Nam, Youngja, & Chankyu Lee. "Chung-Ang Auditory Database of Korean Emotional Speech: A Validated Set of Vocal Expressions With Different Intensities." *IEEE Access*, 10, 2022, pp. 122745~122761.

Thiemann, Joachim, Nobutaka Ito, & Emmanuel Vincent. "The diverse environments multi-channel acoustic noise database (demand): A database of multichannel environmental noise recordings." *Proceedings of Meetings on Acoustics*, vol. 19, no. 1, AIP Publishing, 2013.

Zapf, A., S. Castell, L. Morawietz, & A. Karch. "Measuring inter-rater reliability for nominal data – Which coefficients and confidence intervals are appropriate?" *BMC Medical Research Methodology*, vol. 16, article no. 93, 2016, pp. 1~10.